谁"拆"了我的汽车

图解汽车自动变速器构造与原理

刘总监解车热线书系 ｜ 刘汉涛 编著

电子工业出版社
Publishing House of Electronics Industry
北京·BEIJING

内 容 简 介

　　《谁"拆"了我的汽车：图解汽车自动变速器构造与原理》是"刘总监解车热线书系"之一。本书是面向广大汽车爱好者、车主、驾驶人、汽车类专业学生、汽车技术人员及汽车维修人员的图册，书中以 125 个问题为主线并配合大量精美的实物图、剖视图、构造图、透视图以及原理示意图和简单的文字说明，让您看完此书后能对自动变速器构造与原理有个基本概念和认识，以帮助您快速了解汽车自动变速器，从而来解开您心中存在已久的谜团——汽车为什么有"挡"。

图书在版编目（CIP）数据

谁拆了我的汽车：图解汽车自动变速器构造与原理 / 刘汉涛编著 . —北京：电子工业出版社，2017.1

（刘总监解车热线书系）

ISBN 978-7-121-29309-2

Ⅰ．①谁⋯　Ⅱ．①刘⋯　Ⅲ．①汽车－自动变速装置－构造－图解　②汽车－自动变速装置－理论－图解

Ⅳ．① U463.212-64　② U472.41-64

中国版本图书馆 CIP 数据核字（2016）第 153374 号

策划编辑：管晓伟
责任编辑：管晓伟
特约编辑：李兴　等
印　　刷：中国电影出版社印刷厂
装　　订：三河市良远印务有限公司
出版发行：电子工业出版社
　　　　　北京市海淀区万寿路 173 信箱　　邮编：100036
开　　本：787×1092　1/16　印张：9.25　字数：222 千字
版　　次：2017 年 1 月第 1 版
印　　次：2017 年 1 月第 1 次印刷
定　　价：49.90 元

FOREWORD

回答您一个问题

汽车为什么有"挡"？这可能是大多数车主、汽车爱好者及驾驶人的疑惑。然而，对于大多数车主、汽车爱好者及驾驶人来说，不可能也没有必要像工程技术人员那样精通汽车自动变速器技术。编写此书，就是想用图画与文字相结合的方式来解答您心中存在已久的这个问题。

汽车知识的普及是社会发展的需要，也是人们生活的需要。然而，随着对自动变速器知识的了解，我们会发现对现在的自动变速器反而是越来越看不懂了，AT、AMT、DCT、CVT、DSG、KRG，这些新的技术名词让人眼花缭乱。

在这个不谈点汽车技术都不好意思聊天的时代，汽车爱好者也需要学习和更新知识，对汽车自动变速器应有更深层次的认识和了解。对于驾驶汽车的车主和驾驶人来说，也必须掌握一定的自动变速器知识，了解自动变速器的基本构造，了解自动变速器是如何自动升降挡的，为了节省燃油，液力变矩器内的锁止离合器是如何工作的，了解发动机熄火后自动挡车辆为什么不能采用推拉的方法起动发动机。只有这样，您才能了解在汽车行驶过程中所遇到的各种疑惑，并不断提高自己的驾驶技巧，让爱车延年益寿。

刘汉涛

CONTENTS 目 录

第一章

初识自动变速器

自动变速器作为汽车上一个看得见摸得着的重要总成，它也像人一样，也是有"生命"之物，有心脏、有神经、有腿、有血液。只有敢于接近，才能对它真正了解。

1

汽车为什么安装变速器？

汽车是速度的象征，而变速器是改变速度的装置，它与发动机配合工作，保证汽车具有良好的经济性和动力性。但现代汽车使用的动力装置大多数仍然是往复活塞式发动机，而发动机一旦制造出来后，其排量大小是不变的。因此，发动机的输出转矩和转速的变化范围比较小，不能满足现代汽车在多种行驶条件下的要求，为此，在汽车传动系统中安装了能够在大范围内改变发动机转矩和转速的变速器。

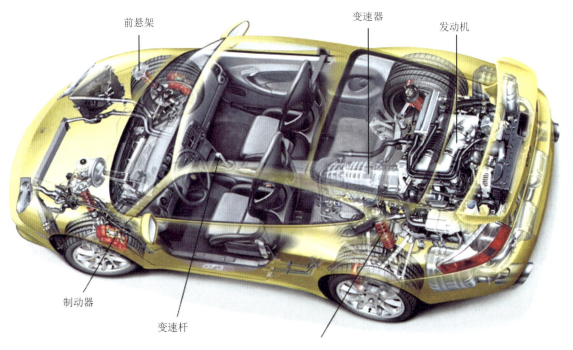

前悬架　　　　　　　　　变速器　　　　发动机

制动器

变速杆

后悬架

变速器在汽车中的位置示意图

变速器的基本功能就是根据工况不断地调整由发动机传递到驱动轮的转矩与转速，它的首要任务就是与发动机协同工作，以保证汽车能在不同使用条件下正常行驶。

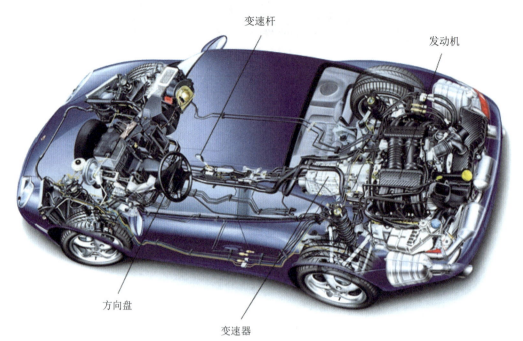

变速杆
发动机
方向盘
变速器

变速器在汽车中的位置示意图

你知道吗
Do you know?

汽车变速器具有如下功能：

1）变速器可以增大发动机传递到驱动轮上的转矩和调整转速的变化范围，以使汽车适应在各种情况下行驶的要求，即我们平时所说的前进挡位。

2）变速器可以在保持发动机原转动方向不变的情况下，使汽车实现倒车功能，即我们平时所说的倒挡位。

3）变速器可以暂时地切断发动机与驱动轮之间的动力传递，使发动机处于空转的怠速状态，即我们平时所说的空挡位。

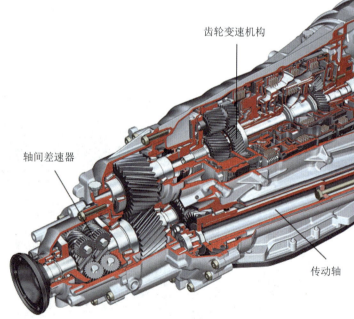

齿轮变速机构
轴间差速器
传动轴

奥迪09E自动变速器构造图

倒挡制动器

前进挡离合器

输入轴

主动链轮

传动钢链

控制系统

差速器

油泵

从动轴

从动链轮

奥迪无级变速器构造图

2

汽车变速器如何分类?

变速器的分类方式多种多样,但总的分类方式有以下两种。

1)按照变速器的操纵方式分为:手动变速器和自动变速器。对于手动变速器大家都很熟悉,它最大的特点是在每次换挡时,驾驶人必须操作离合器,同时右手推拉变速杆,来满足我们的驾驶需求,MT 即为手动变速器;而自动变速器没有离合器踏板,驾驶人只需将变速杆置于所需的挡位,操纵方向盘,通过加速踏板来控制车速,AT、AMT、DCT、DSG、CVT、KRG 都属于自动变速器。

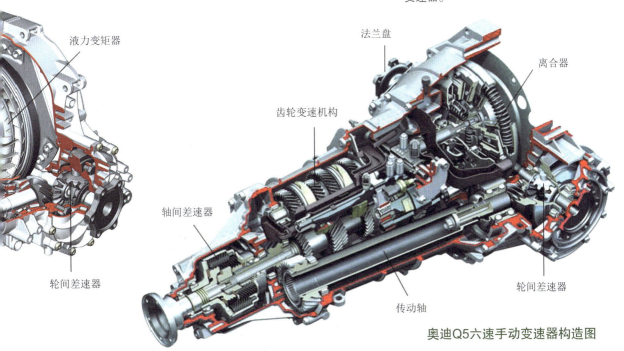

液力变矩器

法兰盘

离合器

齿轮变速机构

轴间差速器

轮间差速器

轮间差速器

传动轴

奥迪Q5六速手动变速器构造图

2)按照变速器的变速方式分为:有级变速器和无级变速器。通常,具有有限几个固定传动比(各挡的传动比是个定值,也就是所谓的"级")的变速器,称为有级变速器,MT、AT、AMT、DCT、DSG 均属于有级变速器,比如,1 挡传动比是 3.454,3 挡是 1.370,再到 5 挡的 0.85,总共只有 5 个值(即有 5 级),所以说它们是有级变速器;而能使其传动比在一定范围内连续变化的变速器,称为无级变速器,它的传动比不是间断的点,而是一系列连续的值,譬如可以从 3.454 一直变化到 0.85,CVT、KRG 即是这类变速器。

什么是自动变速器？

　　自动变速器就是能自动改变行驶速度的变速器。它没有离合器踏板，在汽车行驶前或行驶时，驾驶人根据行驶条件来选择合适的挡位，即驾驶室内变速杆旁的前进挡位 D、2、L 或倒挡位 R。例如，驾驶人将变速杆置于 D 挡位，则变速器电脑会根据节气门位置传感器和车速传感器两个主控信号以及其他参考信号来控制变速器自动在 D1、D2、D3、D4 挡之间切换，即我们所说的自动换挡。这样，可以大大减轻驾驶人的劳动强度，提高汽车行驶的安全性。它和手动变速器的相同点就是两者都是有级变速器，只不过它能自动换挡，可以消除手动挡车"顿挫"的换挡感觉。

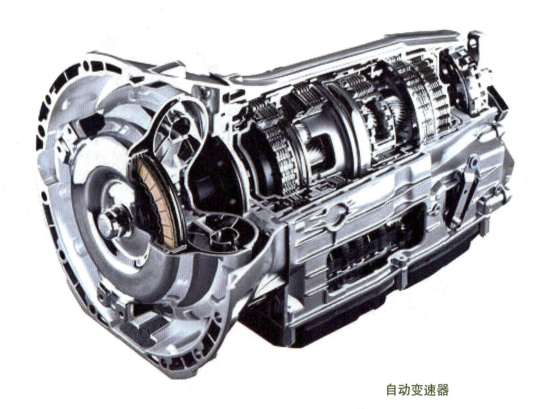

自动变速器

4

自动变速器为何而生？

如果您驾驶过手动变速器的车辆，它给您的一个最大的感觉是什么？累！对，由于手动变速器在每次换挡时驾驶人都要经历松加速踏板→踩离合器踏板→移动变速杆→松离合器踏板→踩加速踏板等一系列的换挡动作，这样就大大增加了驾驶人的劳动强度，尤其是在交通复杂的路况时，对驾驶人的体力和精力都是一种严峻的考验。在汽车发展的历史中，伴随着轿车大量进入家庭的是大量非职业驾驶人的出现。针对上述情况，自动变速器应运而生，它可以省去一系列麻烦的换挡动作，使驾驶人集中精力操纵方向盘、加速踏板和制动踏板即可。

驾驶室内三个踏板

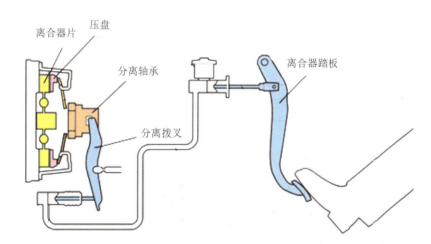

手动变速器换挡过程示意图

你知道吗
Do you know?

在手动变速器车辆的驾驶室内有三个踏板，分别是离合器踏板、制动踏板和加速踏板，在每次换挡时，离合器踏板和加速踏板要进行协调配合；而自动变速器车辆的驾驶室内只有制动踏板和加速踏板，在正常行驶时，驾驶人只需集中精力操纵方向盘、加速踏板和制动踏板即可。

5

自动变速器如何分类？

自动变速器按控制方式不同，可分为液压控制液力式自动变速器和电子控制液力式自动变速器两种。

1）液压控制液力式自动变速器是通过机械的手段，将汽车行驶时的车速及节气门开度两个参数转变为液压控制信号，阀体中的各个控制阀根据这些液压控制信号的大小，按照设定的换挡规律，通过控制换挡执行元件动作，实现自动换挡，现在已经淘汰。

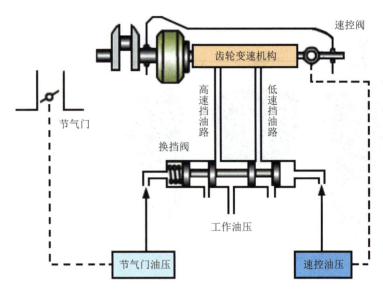

液压控制液力式自动变速器原理图

2）电子控制液力式自动变速器是通过各种传感器，将发动机转速、节气门开度、车速、发动机冷却液温度、自动变速器油液温度等参数转变为电信号，并输入电脑，电脑根据这些电信号，按照设定的换挡规律，向换挡电磁阀、油压电磁阀等发出电子控制信号，换挡电磁阀和油压电磁阀再将电脑的电子控制信号转变为液压控制信号，阀体中的各个控制阀根据这些液压控制信号，控制换挡执行元件动作，从而实现自动换挡，现在市场上所有的自动变速器均采用此种控制方式。

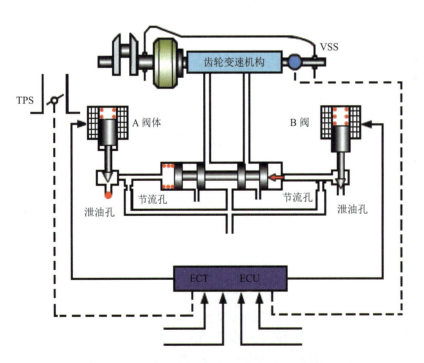

电子控制液力式自动变速器原理图

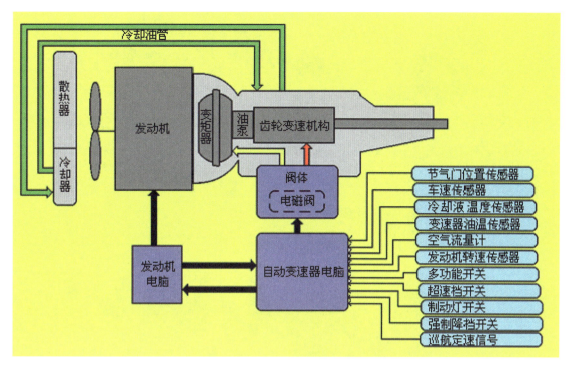

电子控制液力式自动变速器构成图

自动变速器有多少个部件？

这个问题没有标准答案。一台完好的自动变速器，根据其构造复杂程度不同，大约由几百甚至上千个不可拆解的独立零部件组装而成。

奥迪01V变速器部件分解示意图1

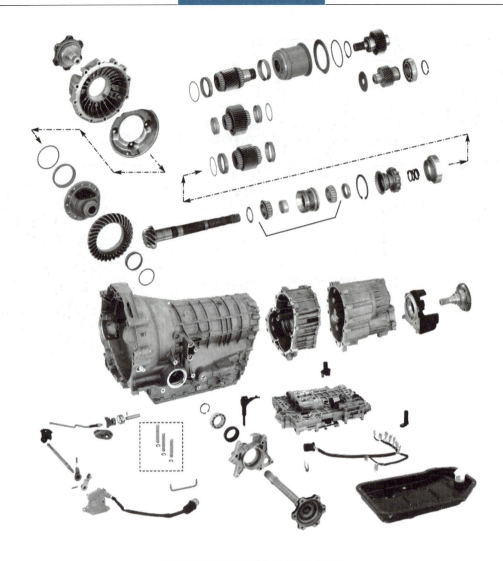

奥迪01V变速器部件分解示意图2

自动变速器有哪些主要结构?

现在的自动变速器一般都是液力式自动变速器,它主要由液力变矩器、油泵、齿轮变速机构、控制系统、阀体、自动变速器油液和冷却器等组成。

1)液力变矩器的安装位置和手动变速器中的离合器的安装位置差不多,即通过螺栓和发动机的飞轮相连接,其内部充满自动变速器油液,属于液力传动。其作用是负责将发动机的动力传递给自动变速器内的齿轮变速机构。

2)自动变速器油泵是自动变速器的"心脏",因为只有油泵工作才能建立起变速器工作的油压。油泵一般位于液力变矩器和齿轮变速机构之间,由液力变矩器直接驱动。因此,只要发动机运转,自动变速器油泵就一直工作。

3）齿轮变速机构在自动变速器油泵的后面。自动变速器中的齿轮变速机构有普通齿轮式和行星齿轮式两种，采用普通齿轮式的主要是本田车系。目前，绝大多数汽车自动变速器的齿轮变速机构采用的是行星齿轮式。

4）控制系统主要是指位于驾驶室内的自动变速器控制电脑以及各种传感器和执行器。电脑通过对各种传感器的信息进行分析、处理、运算后来发出控制指令，从而使执行器（主要指换挡电磁阀）工作，从而形成不同的挡。

5）阀体位于变速器油底壳内，处于齿轮变速机构的下面，其内部包含很多机械滑阀，通过执行器的控制，使不同滑阀相互动作，从而控制自动变速器油液的流动方向和油压的大小，从而形成不同的挡。

6）自动变速器的油液和冷却器。如果说机油是发动机的血液，那么自动变速器的血液就是自动变速器油液，它负责传递动力并通过冷却器的冷却来使变速器在正常温度下工作。

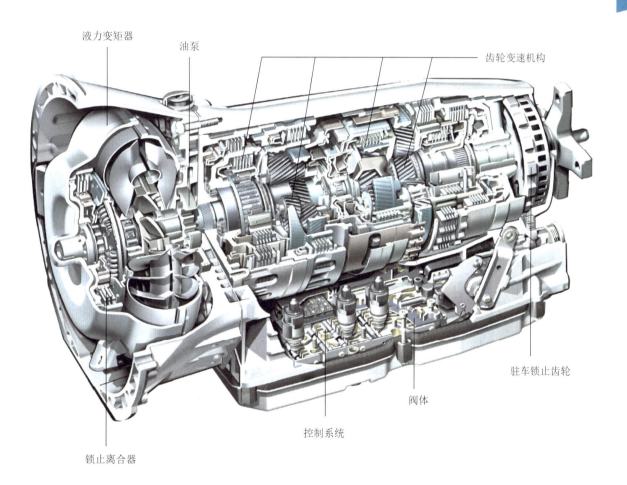

自动变速器主要部件构造指引图

自动挡车辆有什么优点？

首先，自动挡车辆不用操作离合器。手动挡车辆要想开好，最重要的技巧在于油离配合，弄不好抖动、熄火事小，造成机械损耗，缩短车子使用寿命，使车子很难驾驭事大。而自动挡车辆，只要把变速杆置于D挡位，从起步到极速，统统交给变速器来控制，驾驶人只要细心操作加速踏板和制动踏板即可。无论是大角度的急转弯、超车急加速等动作都可以放心让自动变速器完成。当然，如果有足够的知识和技巧，还可以用提前换挡来达到更快提速的目的。

再有的好处就是上坡起步不会失误。坡起一向是新手的难关，加速踏板、离合器踏板、制动踏板三个踏板同时顾及，或是驻车制动杆、离合器踏板、加速踏板相互配合，常常让人手忙脚乱。自动挡车辆就方便得很，踩住制动踏板等候，松开后不用踩加速踏板，车也会向前蠕动，根本不必担心会溜车。特别陡的坡，松开制动踏板马上踩加速踏板也绝不会有什么危险。

奥迪自动挡车辆

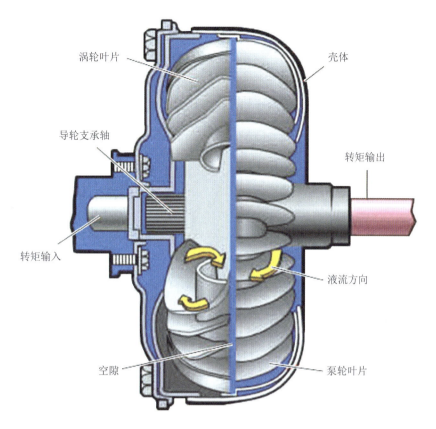

涡轮叶片

壳体

导轮支承轴

转矩输出

转矩输入

液流方向

空隙

泵轮叶片

液力传动示意图

9

自动挡车辆费油吗?

很多人都会有这样的疑问,自动挡车辆到底省油还是费油。对于这个问题,我们只有把比较参数确定,才能使问题明确化。

假如一台手动挡车辆和一台自动挡车辆,所装的发动机参数完全相同,变速器的挡数及传动比也相同。那么,这两辆车在相同的行驶条件下,手动挡车辆比自动挡车辆省油。因为,自动挡车辆依靠液力变矩器将发动机的动力传递给自动变速器,属于液力传动。由于液力传动不如齿轮传动直接,在传动过程中会丢失一部分动力而存在能量损失。而手动挡车辆依靠离合器将发动机的动力传递给手动变速器,属于机械传动,不存在能量损失。

10

自动挡车辆比手动挡车辆贵吗?

一般情况下，装备自动变速器的车辆比装备手动变速器的车辆要贵些，这主要是因为：

1）自动挡车辆技术含量较高。相对于手动挡车辆而言，自动挡车辆包含有更多的先进技术和专利，至今我国都不能算真正掌握自动变速器的核心技术。手动变速器技术相对比较简单，已经不存在技术保密问题。

2）自动变速器对制造工艺要求较高，制造成本较高。许多国外品牌的发动机都已经国产化甚至出口，但目前我国还没有完全国产化的自动变速器，甚至散件组装都不多。

自动挡车辆

自动变速器

11

自动变速器更容易出现故障吗?

　　变速器是否更容易出现故障与是否是自动变速器或手动变速器无关。这两种变速器技术都已经非常成熟，它们出问题的可能性大小只与制造水平有关，与什么变速形式没有太大关系。

　　由于自动变速器比手动变速器结构复杂得多，因此在维修方便性和维修费用方面，手动变速器更有优势。

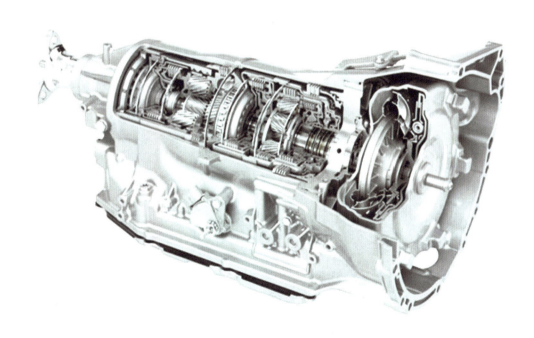

自动变速器

12

自动变速器没有挡吗?

自动变速器没有挡?错误,自动变速器有挡。我们在驾驶室变速杆旁看到的 P、R、N、D、2、1 就是自动变速器的挡位,而自动变速器的挡是指在自动变速器的前进挡位中所包含的挡,如在前进 D 挡位中包含有 D1、D2、D3、D4 等,则 D1、D2、D3、D4 就是自动变速器的挡。同样在前进 2 挡位和 1 挡位里也包括不同的挡,如 21 和 11 挡。当我们挂入不同的挡位时,在仪表板内显示当前的挡位。

仪表板内的挡位显示图

仪表板内的挡位显示图

手动挡变速杆
上的挡位显示

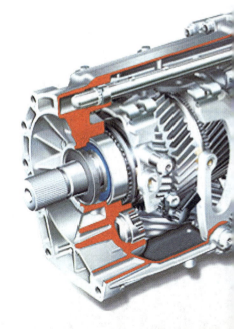

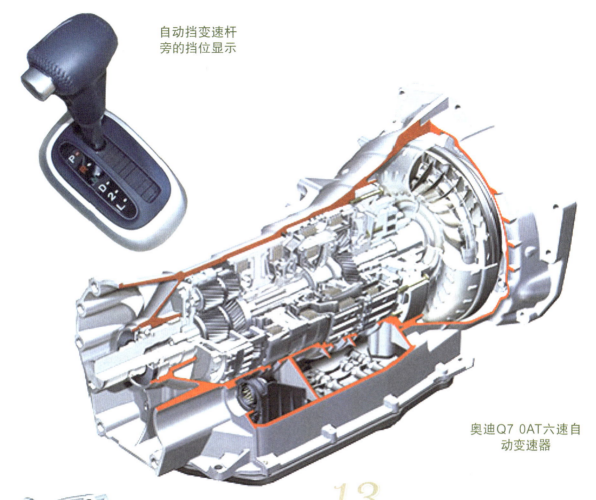

自动挡变速杆
旁的挡位显示

奥迪Q7 0AT六速自
动变速器

途锐08D六速手动变速器

13

自动变速器的挡位与挡有什么区别?

接触过手动变速器轿车的汽车人都知道，在变速杆上通常标有 1-2-3-4-5-R 等几个挡位。而我们所说变速器挂入 1 挡或 2 挡等，实际上就是变速杆上标示的 1 挡位或 2 挡位。因此，手动变速器的挡位和挡可以认为就是一个。但对于自动变速器而言，挡位与挡是两个完全不同的概念。我们在驾驶室变速杆旁看到的 P、R、N、D、2、L 就是自动变速器的挡位，而自动变速器的挡是指在自动变速器的前进挡位中所包含的挡，如在前进 D 挡位中包含有 D1、D2、D3、D4 等，则 D1、D2、D3、D4 就是自动变速器的挡。同样在前进 2 挡位里包括 21、22、23 三个前进挡；在 L 挡位里包括 L1 和 L2 两个前进挡。

14

自动变速器最多可以实现几个挡？

多挡变速器近来成为众多汽车厂商应对经济性和排放性的解决之道，从最初的4挡自动变速器替代3挡自动变速器开始，自动变速器的挡数就不断提高。现在8挡自动变速器是所有汽车厂商提供的最高技术水平的产品，不过，8个挡也会成为过去时。2011年，德国著名变速器生产商ZF宣布，代号为9HP的世界首台9挡自动变速器即将问世。

ZF表示，这台9挡自动变速器主要是为横置发动机的四驱车设计的，与现在的6挡自动变速器相比，燃油效率提升高达16%，其中最佳的油耗转速是在1900r/min，现在普通的6挡自动变是在2600r/min。另外，据悉这台9挡自动变速器可以应用于四驱车和混合动力车，但承受的转矩范围仅在280 ~ 480N·m之间。

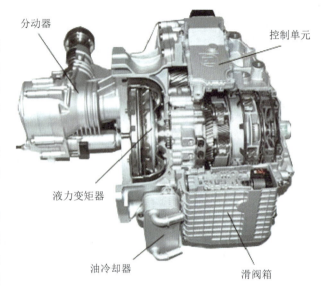

分动器 控制单元 液力变矩器 油冷却器 滑阀箱

9速自动变速器构造图

搭载9速自动变速器的揽胜极光

15

为什么设计有多个前进挡位?

汽车的行驶条件是千变万化的,有时是在良好的路面上高速行驶,有时是在崎岖的路面上低速行驶,有时上坡有时下坡,这就要求变速器要适应各种行驶条件,为此自动变速器设计有多个前进挡位以适应不同的行驶路况。

在良好路面上行驶时,变速杆位于 D 挡位,这样变速器会在 1-2-3-4 挡之间适时变换,满足驾驶需求;而当汽车在崎岖路面行驶时,通常将变速杆置于2 挡位,这时变速器只能在 1 挡、2 挡和 3 挡之间变换,变速器的换挡区间变小,防止了变速器频繁换挡,提高了其使用寿命。当汽车上陡坡或下大坡时,为了提高动力和有效稳定车速,通常将变速杆置于 1 挡位,这样变速器只能在 1 挡和 2 挡之间变换,换挡区间变得更小,这样可以防止频繁换挡,从而提高动力并可利用发动机制动来稳定车速,提高安全,延长自动变速器的使用寿命。

多个前进挡位指示图

多个前进挡位指示图

16

什么是驻车挡位？

现在很多人将自动变速器的驻车挡和驻车制动相混淆。驻车制动就是我们平时所说的手刹，无论是手动变速器还是自动变速器车辆都有驻车制动，而驻车挡是自动变速器车辆所特有的。手动变速器没有驻车挡，但由于手动变速器齿轮不在空挡位置时，即使不使用驻车制动，车辆也不溜车，为模拟这一功能，自动变速器设置了驻车挡。

我们看到的 P 挡位就是驻车挡位。P 是 Parking 的缩写，意为驻车挡位，又称为停车挡位，在停放车辆时使用。P 挡位位于变速杆的最前方，当变速杆置于该位置时，自动变速器中的驻车锁止机构将变速器的输出轴锁止，致使驱动车轮不能转动，从而防止汽车溜车，为了安全起见，必须同时拉紧驻车制动杆。当变速杆由 P 挡位移出后，驻车锁止机构解除对输出轴的锁止。需要注意的是 P 挡位只能在车辆停稳后挂入，否则就容易损坏驻车锁止机构或变速器；另外 P 挡位只可以作为驻车制动的辅助制动器，不可以完全替代驻车制动器。

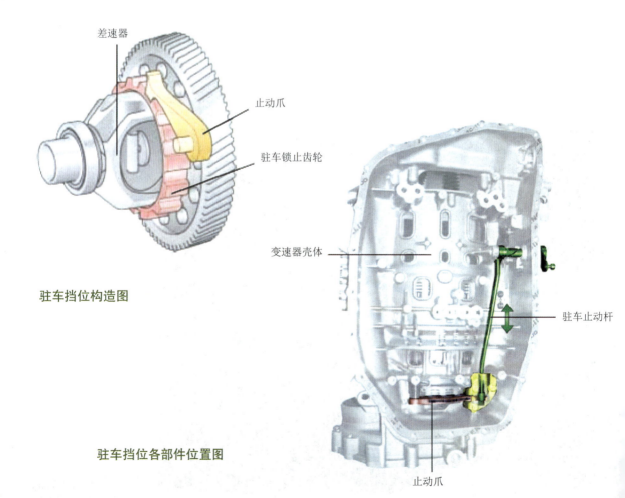

差速器

止动爪

驻车锁止齿轮

变速器壳体

驻车止动杆

驻车挡位构造图

驻车挡位各部件位置图

止动爪

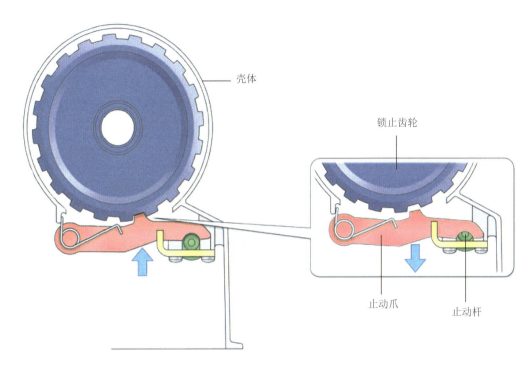

驻车挡位工作原理图

17

自动挡车辆有离合器吗?

从传统意义上讲,自动挡车辆没有离合器,因为它用液力变矩器取代了手动挡车辆中的离合器,从而减轻了驾驶人的劳动强度。但在自动变速器壳体内部确实存在离合器,其作用不再是用于传递和切断发动机的动力,而是将来自液力变矩器的动力传递给太阳轮、内齿圈或行星架及将它们中的任意两者相连接,从而达到自动变速的目的。

黄色的即为液力变矩器

18

什么是变速杆的大同小异？

　　自动变速器的变速杆通常有 4 ~ 8 个不同的挡位，但无论有几个挡位都是大同小异。所谓大同指的是变速杆上都包含 P、R、N、D 四个挡位；小异指的是不同的自动变速器生产厂家根据变速器的使用要求，设置了不同的前进低挡位，如 S、L 或 3、2、1 等。

变速杆实物图

变速杆实物图

19

直通式换挡轨道更好吗？

　　自动变速器的变速杆有按钮式和拉杆式两种类型，驾驶人可以通过其进行挡位的选择。按钮式的变速杆一般布置在仪表板上；拉杆式的变速杆可以布置在仪表板上、转向柱上或中控台上。

　　自动变速器拉杆变速杆的设计面板有"直通式"和"阶梯形"两种换挡轨道。前些年很多自动挡轿车包括奔驰都采用阶梯形换挡轨道，但由于这种设计比直通式增加了变速杆的横向运动，在实际操作中容易发生卡死现象，不少汽车制造企业又放弃了这种设计。现在国外知名大公司最新推出的带自动变速器的轿车，如宝马 850、奔驰 S600、S320、沃尔沃 S80、奥迪 A6、帕萨特 B5、新款丰田凯美瑞等都采用"直通式"换挡轨道。

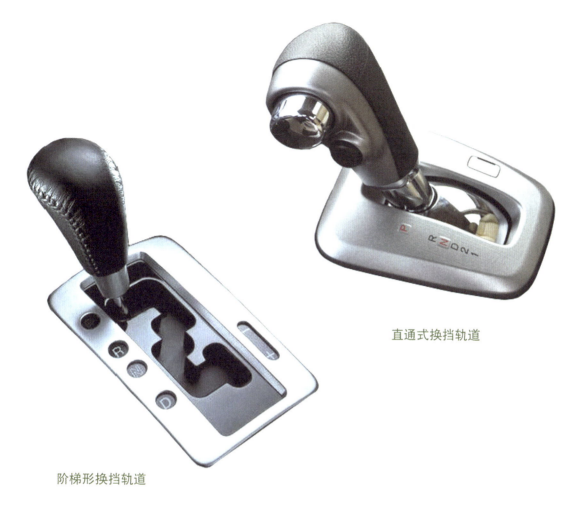

直通式换挡轨道

阶梯形换挡轨道

20

为什么取消前进低挡位？

　　在老款汽车中，变速杆为 P、R、N、D、3、2、1 等，其中 3、2、1 为前进低挡位。而在新款汽车中，前进低挡位已经取消，变速杆变为 P、R、N、D、S。前进低挡功能由手动换挡 Tiptronic 功能代替。一汽大众生产的速腾 09G 和德国大众本土生产的途锐 09D 带自动变速器的轿车变速杆即是如此形式的。新款车在 D 挡位后加了一个换挡延迟的 S（SPORT 运动）挡位，在这个挡位下变速器可以自由换挡，但是换挡会延迟（除了换挡延迟，与 D 挡位的换挡范围相同），使发动机在高转速上保持较长时间，从而使得车辆动力加大，当然，这样也会造成油耗增加。

变速杆

变速杆

21

手自动一体是怎么回事?

为了满足用户对 AT 容易驾驶以及对 MT 自由选择挡位的要求,在 AT 上设有手动换挡模式(手自动一体换挡)已成为 20 世纪 90 年代 AT 发展的一个新特点。

手自动一体换挡自动变速器既可以按自动变挡方式运行,又可以以手动换挡方式运行,其变速杆除了有 P-R-N-D 外,在另一侧还有两个操纵挡位"+"和"-"。通常中间缺口可以将变速杆在自动换挡 D 挡位和手动换挡之间互相转换。在手动换挡位置,向"+"位推动变速杆时升挡,向"-"位拉动变速杆时降挡。

在手动模式下,驾驶人可以在更广阔的范围内自动选择挡,能排除自动变速一些不必要的换挡,需要快速降挡操纵时,能一下就换到所希望的挡,能提高发动机制动效果。为了使手动换挡操纵更方便,可以在变速杆和方向盘上设手动换挡开关,可以实现手不离开方向盘就能手动换挡。方向盘转角大时,方向盘上开关使用不便,可使用变速杆,在手动模式使用比例最高的山路行驶时以及在高速公路上行驶时,分别用这样两种操纵方式很方便。

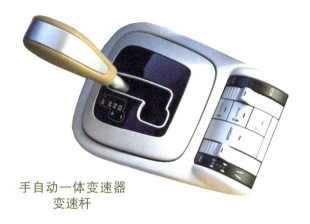

手自动一体变速器
变速杆

方向盘上的手动换挡开关

你知道吗
Do you know?

　　手自动一体式变速器中的手动模式，严格来说只是一种"假"手动，它只是在自动变速器上增设了一个手动加减挡传感器，但实际换挡条件仍然要符合变速器电脑采集到的信息，否则无论你怎么推拉变速杆，变速器都不会理你，而这样做只会造成传感器的损耗。也就是说，如不符合电脑设定的条件，你再怎么推拉也不会换挡，但你不推拉，倒有可能它会自动换挡，这都是为了保护机器而设计的。

手自动一体变速器变速杆

22

变速杆在 N 挡位能着车吗?

　　自动变速器车辆无法用牵引或推动起动的方法起动发动机,因为自动变速器油泵不工作,变速器内无法建立起正常的工作油压,从而驱动轮无法通过自动变速器反拖发动机使其着车。

　　对于采用自动变速器的车辆,只有当变速杆位于 P 挡位或 N 挡位时,才可以起动发动机。其控制原理是当变速杆位于 P 或 N 挡位时,通过多功能开关将 P/N 位的信息输入给相应的电子控制单元,进而控制起动机的起动电路。在点火开关处于"ON"状态下,若想移出 P/N 挡位,必须先踩下制动踏板,同时按下变速杆上的锁止按钮,才可将变速杆移入其他挡位。

多功能开关位置图

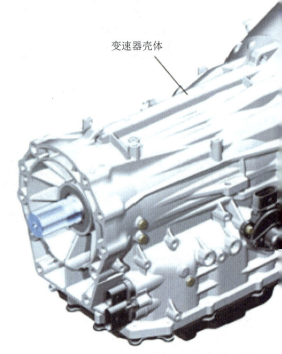

变速器壳体

多功能开关位置图

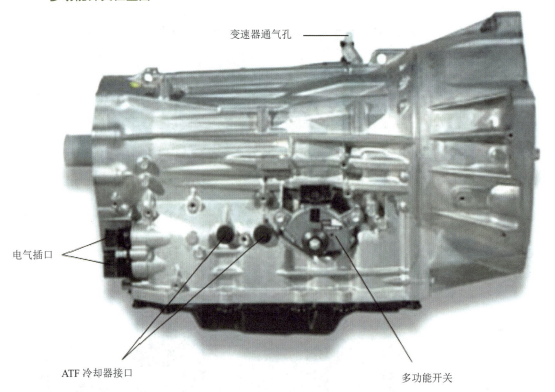

变速器通气孔

电气插口

ATF 冷却器接口

多功能开关

23

如何正确驾驶自动挡车辆?

汽车改用自动变速器后,驾驶人的操作更加简便,驾驶更加平顺,因此装备自动变速器的新型轿车尤其受到了人们的青睐。不过,很多驾驶人初开自动挡车时,由于对自动变速器的结构和原理不是很了解,行车时经常是一个 D 挡位走完全程,其间只会在停车时用 P 挡位、N 挡位及倒车时用 R 挡位,至于其余的挡位则形同虚设,这对汽车的动力性和安全性都是不利的。

自动挡车正确的驾驶方法是将变速杆放在 P 挡位后起动发动机,而且一定要踩下制动踏板,方可由 P 挡位转入其他挡位。起步时要将变速杆推到较低挡位 (即 2 挡位或 1 挡位,有些则还有 3 挡位),待车速提高到一定程度后,再转入 D 挡位进行正常行驶。在行驶过程中如遇有坡路,应及时换入较低挡位,以有效稳定车速,防止变速器频繁换挡,提高行驶安全性。

多功能开关

驾驶自动挡车辆

24

自动变速器在使用时有哪些注意事项？

1）车辆只有在 P 挡位时才能拔出点火钥匙，只有将变速杆置于 P 或 N 位置时，方可起动发动机，在点火开关打开状态下，若想移出这两个挡位，必须先踩下制动踏板，同时按下变速杆上的锁止按钮，才可将手柄移入其他挡位。

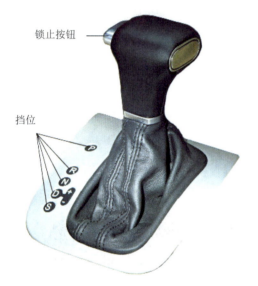

锁止按钮位置示意图

2）只有汽车停稳后，才可挂入 P 挡位，并且 P 挡位只作为制动的辅助制动器，并不可替代驻车制动器。

3）若自动变速器的电脑因电气故障而导致其进入应急状态，此时变速器只有 4、3、1、R 挡可以工作，不要认为尚有挡可用就不去修理，应及时查明故障并排除，否则会损坏变速器内的多片离合器。

4）在保养周期内保养，并且在寒冷的冬季，行车前先起动发动机预热 1 分钟后再挂挡行驶。

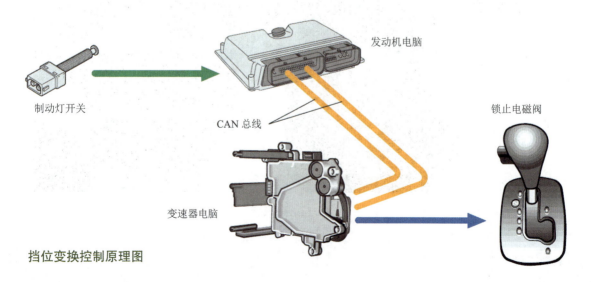

挡位变换控制原理图

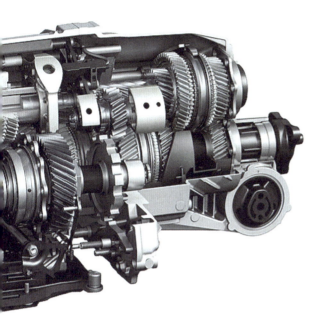

保时捷PDK（Porsche Doppel Kupplung Transmission）变速器

25

AT、AMT、DCT、DSG、CVT、KRG 是什么？

AT = Automatic Transmission，即为传统的液力式自动变速器。AT用液力变矩器替代了手动变速器中的离合器，并通过电脑控制变速器自动升降挡。

AMT=Automated Mechanical Transmission，直接翻译就是自动机械式变速器，通常译为电控机械式自动变速器。AMT是指在不改变原车手动变速器主体结构的基础上，通过加装微机控制的电动装置取代原来由人工操作完成的换挡动作，实现换挡过程的全自动化。

KRG锥环式无级变速器部件分解图

DCT = Double Clutch Transmission，即为双离合器变速器。DCT 没有使用液力变矩器，而是采用了两套离合器。通过两套离合器的相互交替工作，来达到无间隙换挡的效果。目前，常见的双离合器变速器有大众公司的 DSG、福特公司的 Powershift、三菱公司的 SST 以及保时捷的 PDK 等。

CVT = Continuously Variable Transmission，直接翻译就是连续可变传动，一般译为无级变速器，顾名思义就是没有明确具体的挡。它的内部并没有传统变速器的齿轮传动结构，而是通过采用传动钢带和可变槽宽的链轮进行动力传递。

现今大家所熟悉的 CVT 多为钢带式或钢链式传动机构，而在 2010 中国汽车变速器大会上，一个叫做 GIF 吉孚的德国小厂带来了自己的另一种 CVT 变速器，他们称之为 KRG——锥环式无级变速器（Cone-Ring Transmission）。KRG 锥环式无级变速器是一种靠摩擦传动的变速器，从运作原理上讲属于 CVT 的分支。KRG 的设计理念是避免采用任何方式的液压泵，仅用简单和耐用的部件实现纯机械控制。与 CVT 相比，KRG 的这种设计理念使它在制造成本和效率方面拥有巨大的优势。

福特公司的双离合器变速器PowerShift

26

前置前驱自动变速器有什么特点？

前置前驱是指发动机和变速器放置在车前部，并采用前轮驱动（Front engine Front wheel drive, 简称 FF）。现在大多数中小型轿车都采用了这种驱动形式，将变速器和驱动桥做成了一体固定在发动机旁，将动力直接输送到车辆的前轮，用比较形象的话来说，就是"拉"着整个车辆前进。

前置前驱不需要像后轮驱动那样，通过一根长长的传动轴把动力传递到后轮上，所以它的能量传递效率比后驱车高得多。动力性能的充分发挥以及燃油经济性的提升就不言而喻了。由于没有传动轴通过车内驾驶舱，所以车内驾　驶舱空间非常宽阔，从而提供有效的乘坐空间。

前置前驱车型最容易产生转向不足的现象。其原因就是前轮既要提供驱动力，又要提供转向时必需的横向力，导致负荷过大，而容易产生打滑，而前轮打滑又会损失很多横向力，这样也会在很大程度上导致车辆不能按照既定轨迹运动而是沿转向圆周的切线方向运动。不过这都是在特殊情况下才会产生的现象，而且随着现在悬架和轮胎技术的进步，前驱车的转向极限也越来越高，日常驾驶几乎碰不到这些情况。而前置前驱有一个很大的优点就是在雨雪天气路滑的情况下，靠前轮驱动车身能够易于保证方向的稳定性，不至于由于驱动轮打滑而失控。

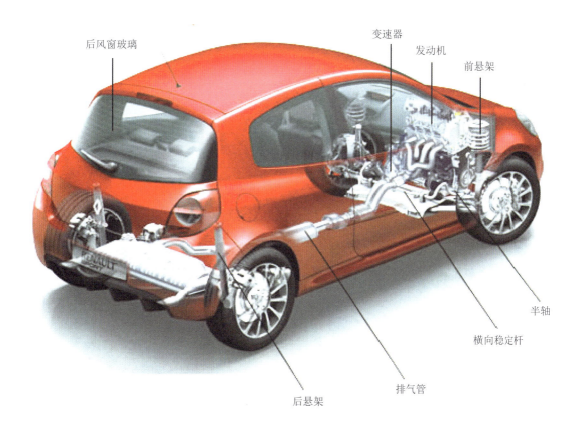

后风窗玻璃　变速器　发动机　前悬架　半轴　横向稳定杆　后悬架　排气管

前置前驱汽车构造图

27

前置后驱自动变速器有什么特点？

前置后驱是指发动机和变速器放置在车前部，并采用后轮驱动（Front engine Rear wheel drive, 简称 FR）。其中前轮负责转向，后轮承担整车的驱动工作。在这种驱动形式中，发动机输出的动力由一根传动轴全部输送到后驱动桥，驱动后轮使汽车前进，也就是说，实际的行进中是后轮"推动"前轮，带动车辆前进。

这种驱动方式相比 FF 来说有更合理的重心分布，由于发动机和变速器的安装位置有些靠后，再加上传动轴和驱动桥，使得整车的重心比 FF 更趋于前后车轴之间，虽然它不能像中置发动机那样达到完美的前后 50：50 的效果。但是比起 FF 来说重心的位置要合理很多。当然，这还不算它最主要的优点，FR 最大的好处就是能提供更大的有效驱动力。这个道理跟 FF 一样，车辆在加速时重心是会后移的，那么前轮负荷减小而后轮负荷增大，这样给作为驱动轮的后轮带来好处。由于正压力的增大，它能产生更大的抓地力及摩擦力来驱动车身，所以打滑的机会更小。

不过 FR 也有着先天的缺点，由于驱动轮变成了后轮，在高速转弯时，一旦后轮失去抓地力，后果则非常严重，就是我们所说的甩尾。产生甩尾的直接后果就是转向过度，它与 FF 车的转向不足正好相反，整车向既定圆弧的内侧运动，严重时甚至会做一个 180 度的原地掉头，所以对于驾驶经验不够丰富的人来说是非常危险的。不过对于驾驶经验丰富的人来说，恰好可以利用这个转向过度来提高转弯速度，也就是我们常说的甩尾过弯。

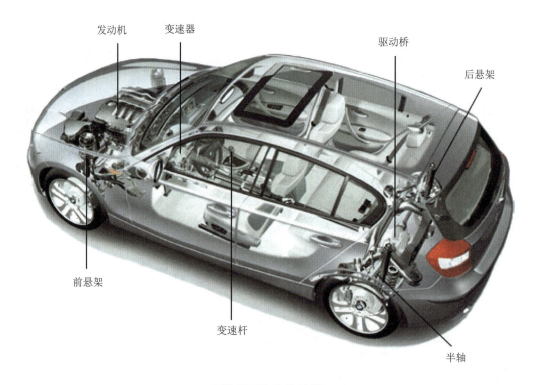

前置后驱汽车构造图

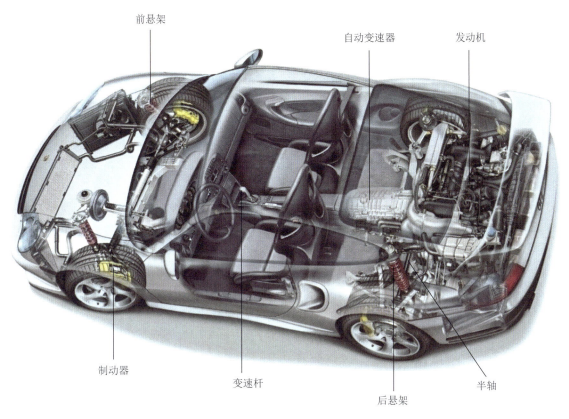

前悬架　　　　　　　自动变速器　　发动机

制动器　　　变速杆　　　后悬架　　半轴

后置后驱汽车结构图

后置后驱自动变速器有什么特点？

　　后置后驱是指发动机和变速器放置在车后部，并采用后轮驱动（Rear engine Rear wheel drive, 简称RR）。它似乎是 FF 车的翻版，只不过是将车前的"五脏六腑"移到车后。此种车辆保持了 FF 车的优点，也消除了 FF 车的缺点，由于车内布置趋于合理，且对车内噪声和温度有所改善，以其独特的结构和良好的使用性能受到用户的欢迎。

　　后置后驱最早由保时捷的创始人费迪兰德·保时捷设计，并且只有保时捷一个厂家把这种传动方式沿用至今，成为保时捷的特有技术。所谓后置发动机，就是把发动机放置在后轴之后，而并不是有些人认为的放在驾驶座后面。像法拉利 F430 的发动机就放置在驾驶座后面，但发动机重心是在后轴之前的，所以F430 为中置发动机。而后置发动机则只有保时捷 911 系列，独此一家。

　　后置后驱最直接的好处就是传动系统的效率高，因为发动机离驱动轮近且省去了前置后驱车型上那根长长的传动轴。有了高效的传动系统，发动机的动力就能发挥得淋漓尽致。

29

四轮驱动自动变速器有什么特点?

四轮驱动（4wheel drive，简称 4WD）按照发动机和变速器的安装位置可分为前置四驱、中置四驱和后置四驱，而按照分动器的控制方式又可分为分时四驱、适时四驱和全时四驱。

当初创造四轮驱动（或称全轮驱动）的目的很简单，就是要在恶劣的路面环境下保证汽车拥有足够的牵引力。现如今这个理念已经发展到包括普通干燥路面在内的各种路面，提高汽车的牵引力。

轿车所配备的四驱系统基本上都属于全时四驱，而其大部分都是以前驱为基础开发的（以后驱为基础开发的四驱系统多见于跑车，其动力分配基本都偏向于后驱）。由四个车轮负责传输动力，四驱车的牵引力表现自然不在话下，尤其是在附着力低的湿滑路面。当前驱车和后驱车还在小心翼翼地避免驱动轮打滑时，四驱车已经大踏步地前进了。即使在雨天高速入弯，四驱车仍然能保持相当的稳定性。

在很多时候，四驱车都给人四平八稳的操控感觉。通过对前后轮驱动力分配比例的调整，厂家可以令一款四驱车表现出前驱或者后驱的个性，既有易控的一面，又有追求操控的一面。如此，四驱就天下无敌了？当然不是，它还是有不少缺点。

四驱车的传动系统复杂，生产成本偏高。由于四驱系统增加车重，且其动力损耗较大，导致油耗上升，小排量发动机配四驱更是得不偿失的组合。此外，在维修保养上，四驱车也将花费更多金钱和时间。这些都是四驱不能在乘用车尤其是普通家用车领域普及的原因。

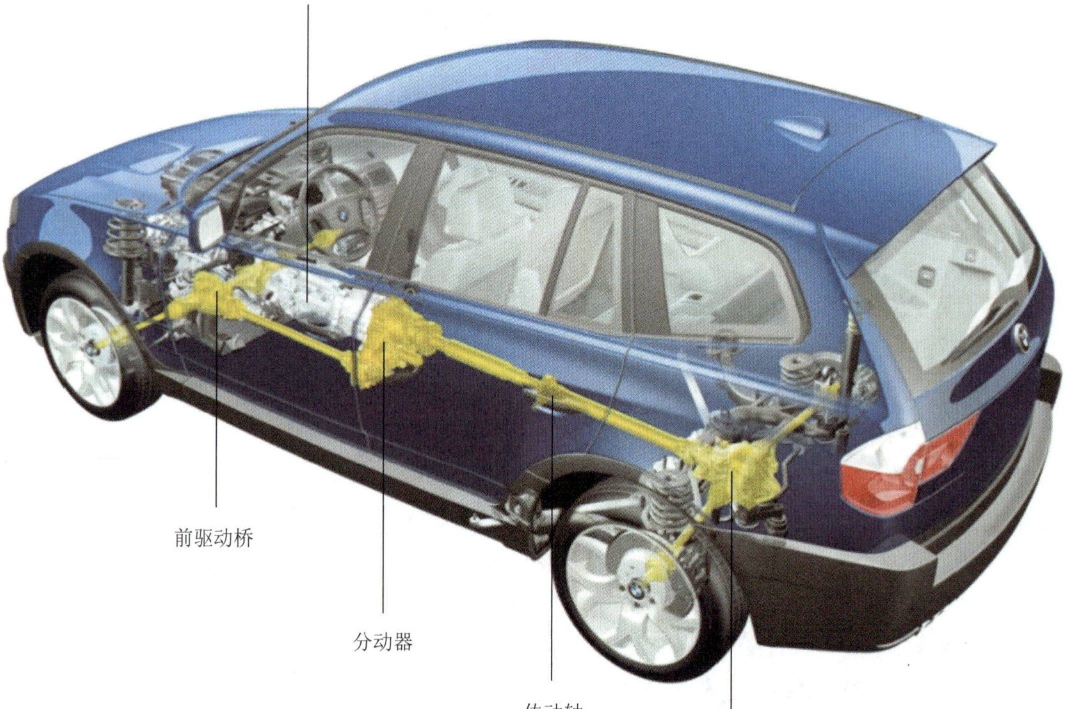

前置四驱汽车构造图

第二章

液力变矩器

液力变矩器相当于一个"动力开关"，发动机的动力经此"开关"才能传递给自动变速器。近些年来，在液力变矩器内部加装了锁止离合器，它可以使泵轮和涡轮实现机械连接，从而使自动变速器费油这一缺点得以改善。

30

液力变矩器是何物?

大家都知道，在手动变速器中，通过离合器将发动机的动力传递给变速器。而自动变速器中没有离合器，那么发动机的动力又是如何传递给变速器的呢？这是由于在发动机与变速器之间安装了液力变矩器，它起到了手动变速器中离合器的作用。

举个例子，我们把一个盆内盛满水，之后用我们的手搅动盆内的水，结果会发生什么？如果盆子底部和接触面之间阻力很小的情况下，在我们的搅动下，盆子本身也要有随着搅动而运动的趋势，此时，如能把盆子和变速器的输入轴连接起来，即可以将发动机的动力传递给变速器，我们液力变矩器的原理即在于此。

起动齿圈
油泵驱动轴套
液力变矩器

液力变矩器实物图

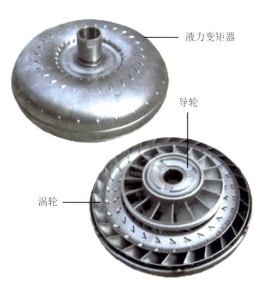

液力变矩器
导轮
涡轮

液力变矩器分解图

31

液力变矩器有哪些部件？

由于变矩器内部充满了自动变速器油液，它可以平稳地传递动力，并允许发动机与变速器之间有一些滑转，从而在停车时，不脱开动力挡也能维持发动机运转。液力变矩器是通过螺栓与发动机飞轮或与曲轴后端法兰拧紧固定在一起的。液力变矩器采用自动变速器油液作为工作介质，传递和增大来自发动机的转矩。

那么，液力变矩器有哪些部件呢？液力变矩器主要由泵轮、涡轮、单向锁止导轮、锁止离合器、壳体等组成。其中，泵轮和壳体制成一体，与发动机同步旋转，因此称为泵轮；涡轮通过中间花键与自动变速器的输入轴连接。这样，泵轮旋转时带动自动变速器油液流动，通过自动变速器油液将发动机的动力传递给涡轮继而传递给变速器输入轴。

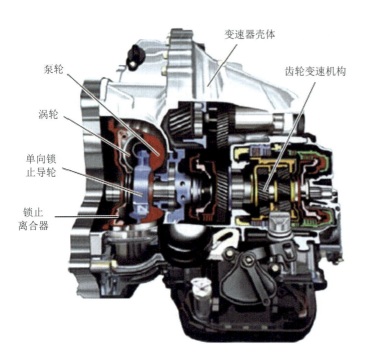

变速器壳体
齿轮变速机构
泵轮
涡轮
单向锁止导轮
锁止离合器

液力变矩器安装位置及构造图

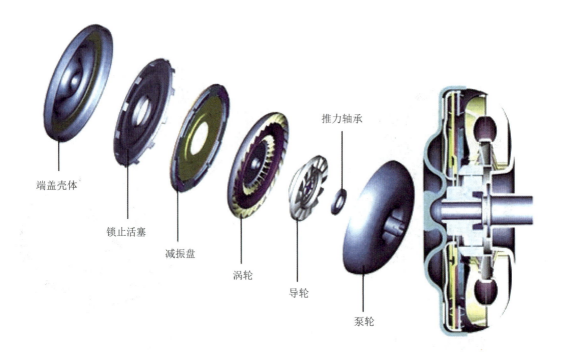

端盖壳体
锁止活塞
减振盘
涡轮
导轮
推力轴承
泵轮

液力变矩器构造图

泵轮及前壳体　单向锁止导轮　涡轮　　锁止离合器　　后壳体

液力变矩器构造图2

32

液力变矩器有什么作用?

液力变矩器安装在发动机与变速器之间,起到"软开关"的作用,其具体作用如下。

(1)具有自动离合器的作用

将发动机输出的动力传递给自动变速器的输入轴,起到离合器的作用,从而在使用自动变速器的汽车上,取消了传统的膜片弹簧式离合器,大大减轻了驾驶人的劳动强度。

(2)具有自动无级变矩、变速的作用

液力变矩器的涡轮转矩,可随着汽车行驶中负荷的增大或减小而自动增大或减小,同时涡轮转速也会随之自动降低或升高。

(3)具有飞轮的作用

内部充满自动变速器油液的液力变矩器具有较大的转动质量,完全可以起到传统的飞轮使发动机运转平稳的作用,因此配置自动变速器的发动机飞轮的质量较小,只满足起动发动机的需要。

(4)具有减振隔振的作用

由于液力变矩器是通过液力作用进行耦合传动的装置,主、从动件之间无刚性连接(锁止离合器分离时),所以能通过自动变速油液的阻尼作用,吸收减小发动机的扭振,并隔离这种扭振向底盘传动系统的传递,从而提高了汽车发动机和底盘传动系统的使用寿命。

（5）具有发动机制动作用

当汽车下长坡行驶时，可以通过液力变矩器的耦合作用，实现动力反传回发动机，利用气缸压力对滑行产生制动作用。

（6）具有过载保护作用

当汽车行驶工况突然变化而出现过载时，使用液力变矩器可以对发动机起到保护作用。

（7）驱动液压油泵工作

通过液力变矩器轮毂上的缺口（又称为油泵驱动轴套），可以机械地驱动自动变速器油泵工作。

（8）实现机械连接

需要时可以通过锁止离合器的锁止实现机械连接，把来自发动机的动力直接机械地传给变速器，从而提高燃油经济性。

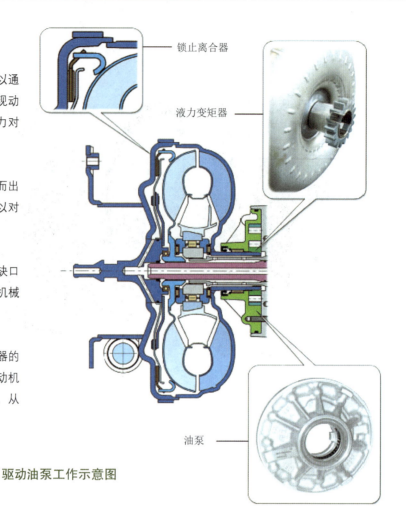

驱动油泵工作示意图

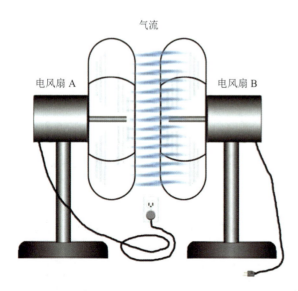

液力变矩器工作过程示意图

33

液力变矩器中有两台"电风扇"吗？

自动变速器中的传力部件为液力变矩器，它的原理相当于两台对吹的电风扇。当通电的电风扇转动时，它的气流就会带动另一台没有通电的电风扇跟着转动。

实际上，由于空气密度较小，它不可能进行有效的动力传递。液力变矩器采用自动变速器油液作为动力传递介质后，能够产生更高的传递效率。液力变矩器的工作过程就类似两个电风扇的工作过程，泵轮相当于电风扇A，涡轮相当于电风扇B，而且泵轮和涡轮之间的距离非常近，自动变速器油液相当于空气。

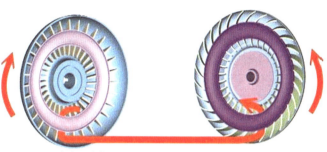

油液流动形
式示意图

环流

涡流

34

液力变矩器内的油液如何流动?

　　液力变矩器的工作完全取决于其内部油液的流动。当发动机带动泵轮转动时，泵轮叶片内的自动变速器油液由于离心力的作用沿叶片外缘喷出，流向涡轮。因此，在液力变矩器内部的油液发生两种流动形式：即圆周流动和循环流动。

　　圆周流动的方向与泵轮的转动方向一致，又称为环流，它是由泵轮叶片的圆周运动推动自动变速器油液引起的。循环流动指的是自动变速器油液由泵轮流向涡轮，而后又流回泵轮，在泵轮和涡轮叶片槽之间形成的油流的循环流动，又称为涡流。这两种不同的流动形式相互复合而产生的螺旋状旋转流动，推动涡轮随着泵轮旋转。

油液回流在涡轮叶片作用下，回流呈螺旋状旋转，
方向与泵轮相反而造成冲击

油液回流经过导轮引导调整后，流向改变，冲击消失

油液流动示意图

油液流动示意图

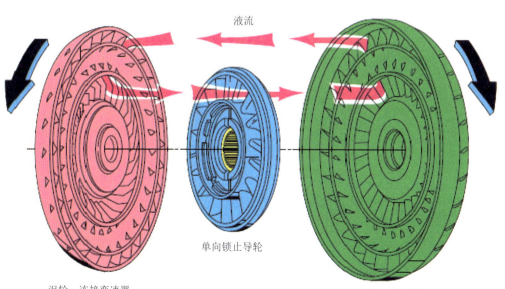

液流

单向锁止导轮

涡轮：连接变速器

泵轮：连接发动机

35

液力变矩器可以增大发动机转矩吗?

当汽车处于低速时,泵轮与涡轮之间的转速差大,自动变速器油液离开泵轮冲击涡轮时,把油液能量传递给涡轮并使其转动。此时,在泵轮和涡轮之间循环的油液涡流强度大,而环流强度小,这时流经涡轮的油液从中间流出,变矩器中来自涡轮的油液将冲击在导轮叶片的前表面。由于单向离合器锁止使导轮固定不动,则油液经导轮叶片反射后顺时针冲击泵轮叶片的后表面,增加泵轮转动的转矩,即液力变矩器放大了发动机的转矩。

随着车速逐渐提高,来自涡轮的液体逐渐偏离作用在导轮叶片前表面的方向。当涡轮转速接近于泵轮转速时,涡轮喷射的油液作用在导轮叶片的后表面。单向离合器使导轮处于自由状态,使油液回流到泵轮。此时液力变矩器只能传递转矩而不能增大转矩。

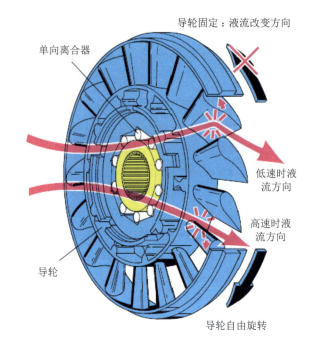

导轮固定:液流改变方向

单向离合器

低速时液流方向

高速时液流方向

导轮

导轮自由旋转

导轮与单向离合器的连接关系

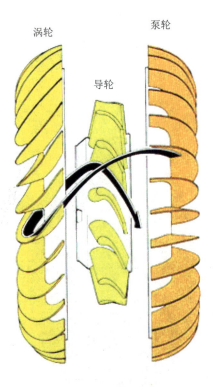

涡轮　　　泵轮

导轮

汽车车速较低时的工况

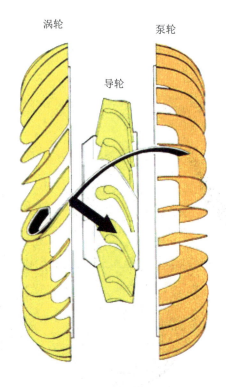

涡轮　　　泵轮

导轮

汽车车速较高时的工况

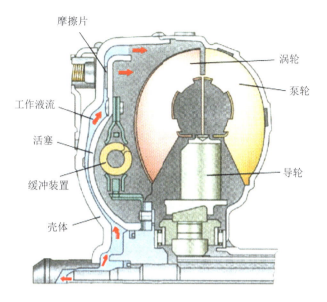

摩擦片
涡轮
泵轮
工作液流
活塞
缓冲装置
导轮
壳体

此图为锁止离合器分离状态示意图，当锁止离合器分离时，涡轮和泵轮之间依靠自动变速器油液实现液力传动。

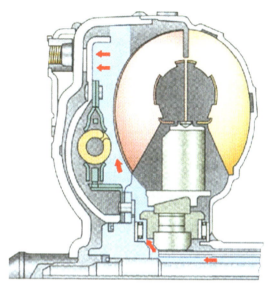

此图为锁止离合器接合状态示意图，当锁止离合器接合时，将涡轮和泵轮机械地连接在一起，从而提高液力变矩器的传动效率。

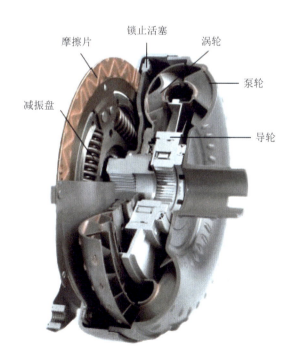

摩擦片
锁止活塞
涡轮
泵轮
减振盘
导轮

带锁止离合器的液力变矩器构造图

36

机械传动有什么好处?

在液力变矩器中，泵轮与涡轮之间的转速差最少也有 4% ~ 5%，这相当于泵轮与涡轮之间存在有滑转现象，从而使变矩器内部的油液因摩擦产生一定的能量损失，因此，传动效率低，无法达到 100%，长期以来，配备自动变速器的轿车油耗高的主要症结就在于此。

为了提高变矩器的传动效率，减小燃油消耗，现代汽车采用的液力变矩器均为带锁止离合器的综合式液力变矩器，即在原有的液力变矩器中加装了锁止离合器，使用机械的方式直接连接泵轮和涡轮，解决了泵轮和涡轮之间的转速差问题，提高了液力变矩器的传动效率，使其接近 100% 而减小燃油消耗。

第三章
油　　　泵

如果汽车有生命，发动机就是汽车的"心脏"，那么油泵就是自动变速器的"心脏"，是它的正常工作为自动变速器的"腿"和其他部分注入了动力之源。

37

谁是自动变速器的心脏?

在汽车上，无论是一般的液力自动变速器，还是更为先进的无级变速器，从本质上讲都属于液压传动，其工作介质就是自动变速器油液。因此就必须有一个油液流动的源头，这就是自动变速器油泵，人们形象地将其比喻为自动变速器的"心脏"。

油泵安装在自动变速器壳体内的前部，由液力变矩器驱动，但也有用一根单独的油泵驱动轴驱动的情况。当油泵由变矩器驱动时，只要发动机运转，油泵就处于工作状态并输出油液；而发动机不运转时油泵就不工作，变速器内没有油压，那么变速器也就不能工作了。

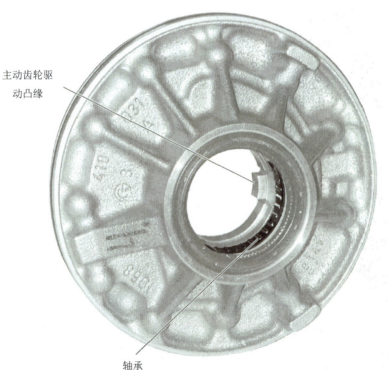

主动齿轮驱动凸缘

轴承

油泵实物图

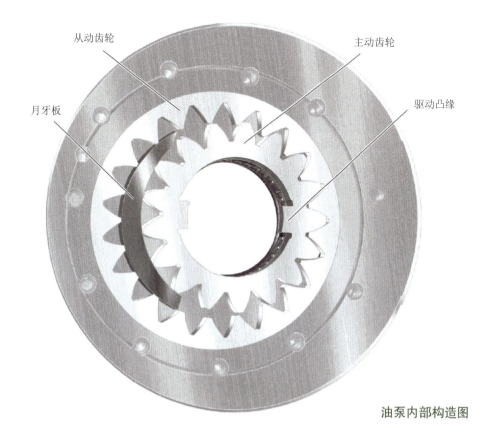

从动齿轮　主动齿轮

月牙板　驱动凸缘

油泵内部构造图

油泵主动齿轮

液力变矩器

变矩器与油泵主动齿轮的连接关系

38

油泵有什么作用?

　　油泵是自动变速器的"心脏",它位于液力变矩和齿轮变速机构之间,用螺栓将油泵总成固定在变速器前端面上,油泵的主动齿轮由液力变矩器驱动轴套驱动转动。

　　在发动机运转过程中,油泵一直工作,其作用是产生一定压力的液压油,用于供给液力变矩器、执行元件、控制系统和阀体,并向变速器内部需要润滑的部件提供润滑。其技术状况的好坏对自动变速器的性能和使用寿命有很大影响。

39

油泵有哪些类型?

在自动变速器中，油泵通过集滤器从油底壳中吸取自动变速器油液。

自动变速器上常见的油泵有三种类型，它们是内啮合齿轮泵、转子泵、叶片泵。其中，前两种类型的油泵被称为定排量泵，原因在于它们转动一圈时所排出的油量相同。如果油泵的转速增加，则其单位时间内所排出的油量也增加，这是由于油泵在单位时间内的转动圈数增加的缘故。这两类油泵的缺点在于随着泵转速的升高，其所需的驱动能量也增大，即便在自动变速器的工作不需要过量的油液供应时也是如此。

由于自动变速器的液压系统属于低压系统，其工作油压通常不超过 2MPa，所以，应用最广泛的是内啮合齿轮泵。

油泵总成

泵盖

主动齿轮

从动齿轮

泵壳

内啮合齿轮泵构造图

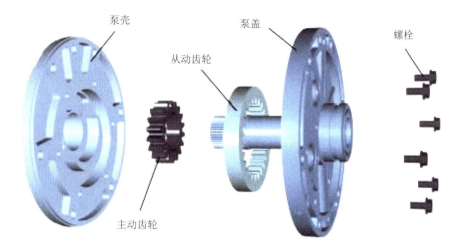

泵壳　　泵盖　　螺栓　　从动齿轮　　主动齿轮

内啮合齿轮泵构造分解图

40

什么是内啮合齿轮泵？

内啮合齿轮泵也称为月牙形齿轮泵，主要由主动齿轮、从动齿轮、月牙形隔板、泵壳、泵盖等部件组成。

油泵的主、从动齿轮紧密地装在泵壳的内腔里，月牙形隔板将主、从动齿轮不啮合的部分隔开，形成两个工作腔：即吸油腔和出油腔。主、从动齿轮紧靠月牙形隔板，三者相互之间有微小间隙。

发动机运转时，主动齿轮由液力变矩器壳体驱动做顺时针旋转，从动齿轮也被主动齿轮驱动做顺时针旋转。此时，在吸油腔，由于主、从动齿轮不断退出啮合，空腔容积不断增大，形成局部真空，将油液从油泵进油口吸入，并且随着齿轮的旋转，齿间的油液被带到出油腔；在出油腔内，由于主、从动齿轮不断进入啮合，空腔容积不断减小，从而产生挤压，迫使油液通过油泵出油口排出。

内啮合齿轮泵具有结构紧凑、尺寸小、重量轻、自吸能力强、流量波动小、噪声低等特点，在自动变速器中应用最广泛。

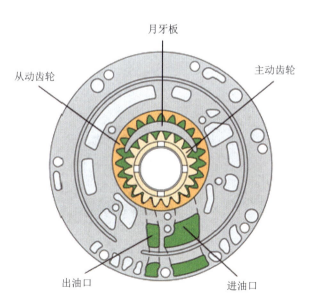

月牙板　　主动齿轮　　从动齿轮　　出油口　　进油口

内啮合齿轮泵工作原理图

41

什么是转子泵?

转子泵是由内啮合齿轮泵变形而来的,主要由内转子、外转子、泵壳、泵盖等组成。

转子泵的内转子是主动齿轮,外转子是从动齿轮,内、外转子不同心,有一定的偏心距。发动机运转时,内、外转子朝相同方向旋转,但外转子的转速比内转子每周慢一个齿。由于内转子的齿廓与外转子的齿廓是一对共轭曲线,它能保证油泵在旋转时,无论内、外转子转到什么位置,各齿均处于啮合状态,即内转子每个齿的齿廓曲线和外转子每个齿的齿廓曲线相接触,从而在内、外转子之间形成与内转子齿数相同的工作腔。

工作腔从进油口一侧通过时,由于内、外转子不断退出啮合,空腔容积不断增大,形成局部真空,将油液从油泵进油口吸入,并且随着齿轮的旋转,齿间的油液被带到另一个工作腔;在另一个工作腔内,由于内、外转子不断进入啮合,空腔容积不断减小,从而产生挤压,迫使油液通过油泵出油口排出。

转子泵具有结构简单、尺寸紧凑、噪声低、运转平稳、高速性能良好的优点,其缺点是流量脉动大、加工精度要求高。

转子泵实物图

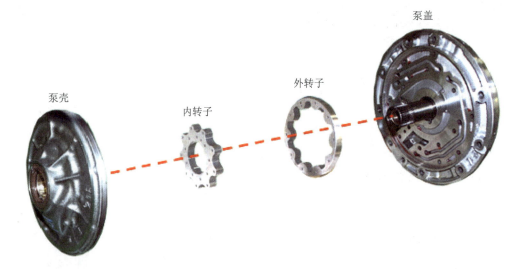

转子泵构造分解图

42

什么是叶片泵？

　　叶片泵由定子、转子、叶片、定位环等组成。按其进油腔的数目可分为单作用式和双作用式两种。

　　定子固定不动，转子由液力变矩器驱动。定子与转子不同心，二者之间有一定的偏心距。定子内表面为圆柱形，转子上有均匀分布的径向狭槽，矩形叶片安装在槽内，并可在槽内往复运动。

　　转子转动时，叶片被离心力向外甩出并紧贴在定子的内壁上，并随转子转动，在转子叶片槽内往复运动，这样，相邻叶片形成多个工作腔。叶片在沿定子内壁的轮廓滑动时，工作腔的容积不断地增大和减小。在工作腔容积逐渐增大的一侧，形成真空，将油液从油泵进油口吸入，在工作腔容积逐渐减小的一侧，不断挤压油液，迫使油液通过油泵出油口排出。

　　叶片泵具有运转平稳、泵油量均匀、噪声小、容积效率高等优点，但它结构复杂，对油液的污染比较敏感。

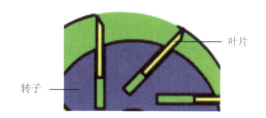

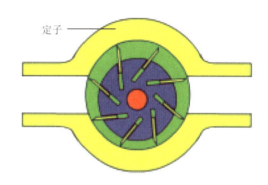

单作用叶片泵工作原理图

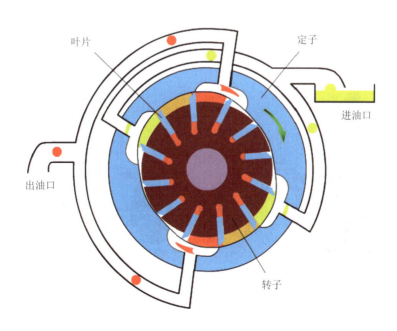

双作用叶片泵工作原理图

第三章　油泵

43

变量叶片泵有什么优势?

简单的叶片泵也是定排量泵,因为其工作原理与内啮合齿轮泵和转子泵相同,但是,用于新型汽车自动变速器的叶片泵,则是可变排量叶片泵。这种叶片泵的定子不是固定在泵壳上,而是可以绕一个销轴做一定的摆动,以改变定子与转子之间的偏心距,即改变了工作腔的容积,油泵的排量就会变化,这就是变排量叶片泵。

这种可变排量叶片泵每转动一圈所输出的油量是可变的,换言之,这种泵的输出油量可根据自动变速器的需要而自动地加以调节,而且其转速与输出油量之间没有直接的关系。显而易见,这种可变排量叶片泵的最大优势,就是其不会浪费发动机的动力来提供自动变速器工作所不需要的多余的油量。

采用这种油泵的车型有福特、马自达、大宇等轿车。

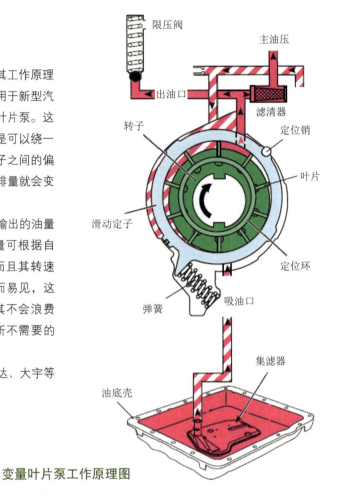

变量叶片泵工作原理图

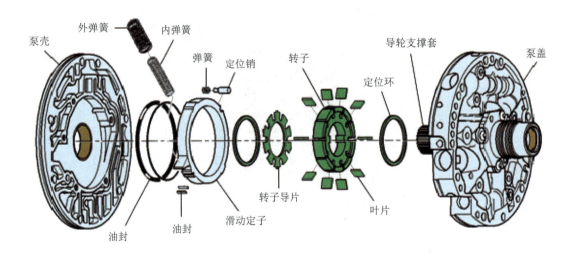

变量叶片泵构造分解图

44

自动变速器车辆最忌讳什么？

　　配备自动变速器的车辆要禁止在行车中将变速杆推入 N 挡位滑行，更不允许熄火后挂入 N 挡位滑行。如果挂入 N 挡位滑行，那么发动机在怠速下运转，自动变速器内由发动机通过液力变矩器驱动的油泵出油量减少，而自动变速器内的齿轮等零件在汽车的带动下仍高速旋转，这时润滑状况恶化，容易烧坏变速器。同理，熄火后挂入 N 挡位滑行，油泵根本不工作，变速器内无润滑油压，车轮带动变速器从动件高速旋转，容易烧损行星齿轮、铜套、推力轴承、止推垫等，导致变速器损坏。所以，自动变速器车辆空挡滑行，弊处多多。

第三章　油　泵

N挡位滑行图

45

自动挡车辆如何进行拖车？

当故障车辆被拖时，由于发动机不工作，所以自动变速器的油泵也不工作，因此，变速器内无润滑油压。如果故障车辆被高速或长距离牵引，各种旋转部件上的保护润滑油膜就会消失，从而造成自动变速器的磨损。那么，该如何进行拖车呢？有两个办法：一是按照厂家提供的说明提示，通常会有拖车时的距离和车速要求，但一般情况下允许的距离不长，如牵引速度不超过 30km/h，牵引距离不超过 50km；二是让驱动轮离地，不让其在拖车时转动，如拖车时悬空驱动轮或者将整车整体拉走。

拖车时悬空驱动轮

46

自动挡车辆能推着车吗？

当手动挡车辆起动系统发生故障时，可用牵引或溜车的方法起动发动机。但是，这个方法不适用自动挡车辆。因为自动挡车辆在发动机不工作时，油泵也不运转，变速器内没有工作油压。因此，齿轮变速机构不会接受到工作油液的压力。即使变速杆位于动力挡，但变速器内齿轮变速机构仍保持在空挡状态，输出轴的动力无法反传到发动机，发动机不可能着车。

牵引起动手动挡车辆

推车起动手动挡车辆

第四章
齿轮变速机构

如果油泵是自动变速器的"心脏",那么齿轮变速机构就是自动变速器的"腿",齿轮变速机构的结构形式不同,汽车的行驶方式和奔跑速度也不一样。

47

齿轮变速机构有什么作用?

自动变速器中的液力变矩器虽然能够在一定范围内无级地改变转矩比和传动比,但其增矩作用只有 2 ~ 4 倍,不能很好地满足汽车的使用要求。因此,在汽车上广泛采用的是液力变矩器与齿轮变速机构组成的液力式自动变速器。

发动机的动力经液力变矩器传至自动变速器,经变速器输出给驱动轮。液力变矩器在自动变速器中的主要作用是使汽车起步平稳,并在换挡时减缓传动系统的冲击载荷。汽车在使用过程中主要是靠齿轮变速机构实现变速的,即可使转矩再增大 2 ~ 4 倍。

自动变速器的功能必须全面覆盖手动变速器的功能,为驾驶人提供更优异的车辆性能。因此,自动变速器的齿轮变速机构具有空挡、4 ~ 8 个不同传动比的前进挡和倒挡。

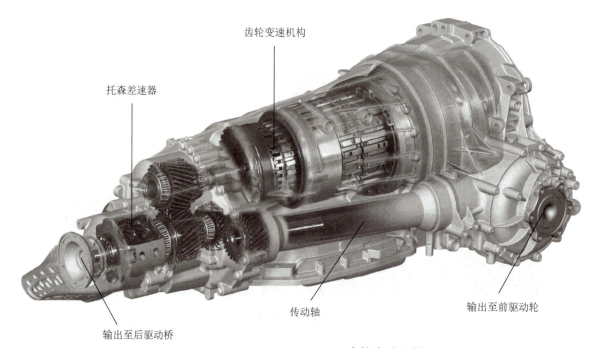

齿轮变速机构

托森差速器

传动轴

输出至前驱动轮

输出至后驱动桥

齿轮变速机构透视图

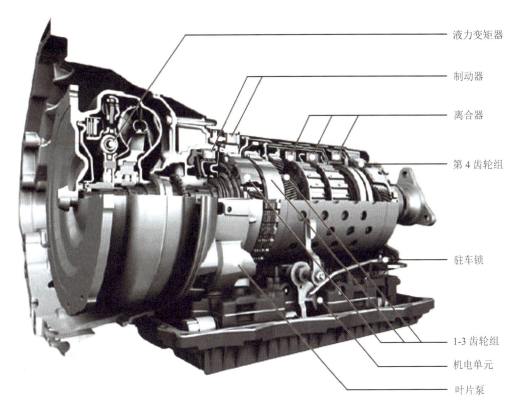

液力变矩器

制动器

离合器

第4齿轮组

驻车锁

1-3齿轮组

机电单元

叶片泵

行星齿轮式变速机构结构图

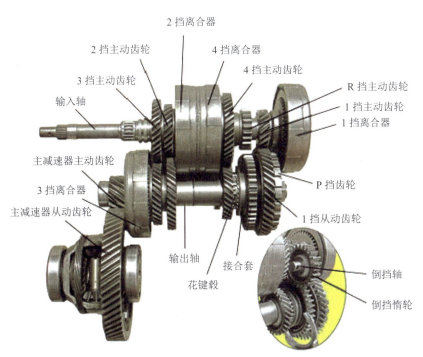

2挡离合器

2挡主动齿轮

4挡离合器

3挡主动齿轮

4挡主动齿轮

输入轴

R挡主动齿轮

1挡主动齿轮

1挡离合器

主减速器主动齿轮

3挡离合器

P挡齿轮

主减速器从动齿轮

1挡从动齿轮

输出轴

接合套

花键毂

倒挡轴

倒挡惰轮

普通齿轮式变速机构结构图

48

齿轮变速机构有几种形式？

　　自动变速器中的齿轮变速机构有普通齿轮式和行星齿轮式两种，采用普通齿轮式的主要是本田车系。目前，绝大多数轿车自动变速器的齿轮变速机构采用的是行星齿轮式。

49

行星齿轮式变速机构有哪些部件？

行星齿轮式变速机构的组成包括行星齿轮机构和换挡执行元件两部分。行星齿轮机构主要是指变速

单级式行星排实物图

器内多组串联在一起的行星排，其作用是提供不同的传动比以供选择，即变速器所具有的挡。换挡执行元件是指变速器内的离合器、制动器、单向离合器，其作用是限制或约束行星排中的太阳轮、内齿圈或行星架的运动状态，进而改变传动比，最终实现升降挡的目的。

双级式行星排实物图

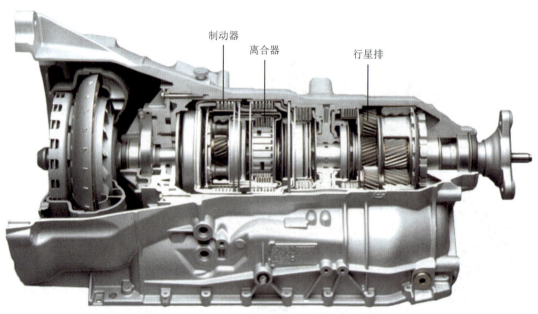

制动器　离合器　行星排

行星齿轮式变速机构部件图

50

行星齿轮是小角色吗?

行星齿轮机构中的太阳轮、内齿圈和行星架有一个共同的固定轴线。太阳轮位于行星齿轮机构的中心,位于最外侧的是内齿圈,行星齿轮支承在固定于行星架上的行星齿轮轴上,并同时与太阳轮和内齿圈啮合。当行星齿轮机构工作时,行星齿轮一

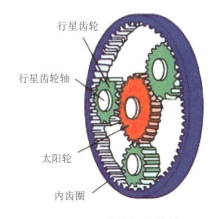

行星齿轮机构结构图

方面可以绕着行星齿轮轴自转,另一方面又可以随着行星架一起绕着太阳轮公转。它的这种运动,与太阳系里行星的运动相似,行星齿轮机构由此得名。

在行星齿轮机构中,具有共同的固定轴线的太阳轮、内齿圈和行星架称为行星排的三个基本元件。那么在基本元件中,为什么没有行星齿轮呢?这是因为基本元件的确立条件是:看它们在换挡执行元件的限制或约束下能否实现不同的传动比,而行星齿轮只起到传力和换向的作用,并不改变传动比,因此,行星排的基本元件中无行星齿轮,它只是个小角色。

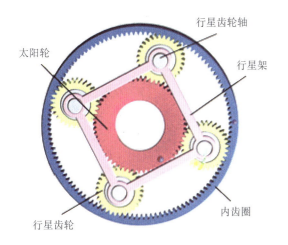

行星齿轮机构结构图

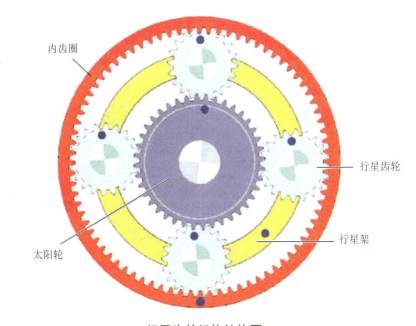

行星齿轮机构结构图

51

什么是辛普森式行星齿轮机构?

　　辛普森式行星齿轮机构是一种十分著名的行星齿轮机构,以设计发明者H.W.Simpson工程师命名。从20世纪40年代至今广泛应用于世界各国的汽车自动变速器中。辛普森式行星齿轮机构由两个单级单排行星齿轮机构组合连接在一起,其结构特点是:两个单级单排行星齿轮机构共用一个太阳轮;前行星架和后内齿圈或者前内齿圈和后行星架连接在一起作为整个行星齿轮机构的动力输出端;前太阳轮和后内齿圈通常作为动力输入端。

　　整个行星齿轮机构有4个独立元件,即前后行星齿轮机构共用的太阳轮、前内齿圈、后行星架、前行星架与后内齿圈组件。4个独立元件或者是前后行星齿轮机构共用的太阳轮、后内齿圈、前行星架、前内齿圈与后行星架组件。

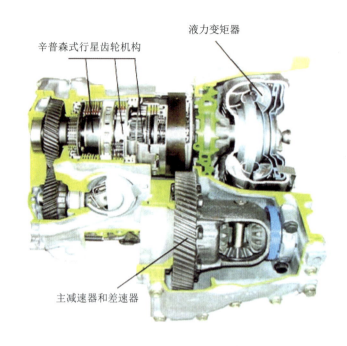

液力变矩器

辛普森式行星齿轮机构

主减速器和差速器

辛普森式行星齿轮机构变速器

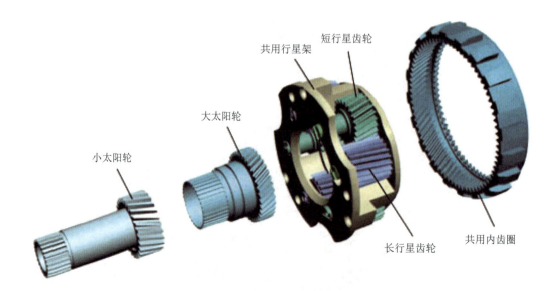

共用行星架

短行星齿轮

大太阳轮

小太阳轮

长行星齿轮

共用内齿圈

拉维娜式行星齿轮机构结构图

拉维娜式行星齿轮机构结构图

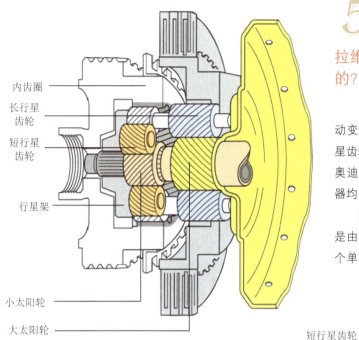

内齿圈
长行星齿轮
短行星齿轮
行星架

小太阳轮
大太阳轮

52

拉维娜式行星齿轮机构是什么样的？

目前，德国的绝大部分汽车采用的自动变速器均为拉维娜（Ravigneaux）式行星齿轮机构。如：捷达 01M、帕萨特 01N、奥迪 01V、宝马的 ZF6HP-26 等自动变速器均为拉维娜式行星齿轮机构。

拉维娜式行星齿轮机构具体结构实质是由两个单排行星齿轮机构组成，即由一个单排单级行星齿轮机构和一个单排双级

行星齿轮机构组合而成：前大太阳轮、长行星齿轮、共用内齿圈及共用行星架共同组成一个单排单级行星齿轮机构；后小太阳轮、短行星齿轮、长行星齿轮、共用内齿圈及共用行星架共同组成一个单排双级行星齿轮机构。

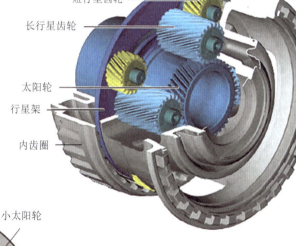

短行星齿轮
长行星齿轮
太阳轮
行星架
内齿圈

拉维娜式行星齿轮机构结构图

长行星齿轮
小太阳轮
大太阳轮
共用行星架
共用内齿圈
短行星齿轮

拉维娜式行星齿轮机构结构图

两个行星排共用一个内齿圈和一个行星架。因此它只有 4 个独立元件，即前大太阳轮、后小太阳轮、共用内齿圈、共用行星架。这种行星齿轮机构具有结构简单、尺寸小、传动比变化范围大、灵活多变等特点，可以组成有 3 个前进挡或 4 个前进挡的行星齿轮变速器。

53

普通齿轮式变速器是什么形式?

普通齿轮式变速器主要由普通齿轮式变速机构、液压控制系统和电子控制系统等三大部分组成。其中齿轮变速机构主要由平行轴、各挡齿轮和湿式多片离合器等组成。平行轴为3根,即输入轴、中间轴和输出轴。

输入轴与发动机曲轴主轴颈轴线同轴,其上安装有3挡和4挡离合器以及3挡、4挡、倒挡齿轮和输入轴常啮合齿轮;输出轴上装有最终主动齿轮、1挡固定离合器及1挡、3挡、4挡、倒挡、2挡和驻车挡齿轮以及输出轴常啮合齿轮;中间轴上

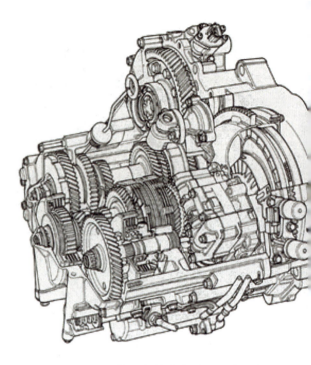

普通齿轮式变速器及变速杆

装有1挡、2挡离合器和1挡、2挡齿轮及中间轴常啮合齿轮。输出轴4挡齿轮及倒挡齿轮可以锁止在输出轴中部,工作时是锁止4挡齿轮还是倒挡齿轮取决于接合套的移动方式。

输入轴和输出轴上的齿轮与中间轴上的齿轮保持常啮合状态。行车中,当通过控制系统使变速器中某一组齿轮实现啮合时,动力将从输入轴和中间轴传递到输出轴,并由输出轴输出,同时仪表板内的A/T挡位指示灯将显示正在运行的挡位。

普通齿轮式变速器位置图

54

离合器有什么作用?

离合器的作用是连接,连接是指将行星齿轮机构中的某个基本元件与变速器的输入轴连接,以将发动机的动力传递至变速器内部,或将前行星排的某一个基本元件与后行星排的某一个基本元件连接在一起,使之成为一个整体转动。

自动变速器采用的离合器是多片湿式离合器,它主要由离合器鼓、活塞、回位弹簧、回位弹簧座、钢片、摩擦片、卡环组成。

摩擦片实物图

第四章 齿轮变速机构

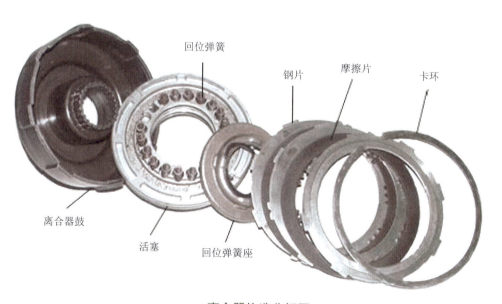

回位弹簧   钢片   摩擦片   卡环

离合器鼓   活塞   回位弹簧座

离合器构造分解图

55

离合器如何工作？

当来自换挡阀的油液进入离合器液压缸时，此时，液压油的压力大于活塞上的单向球阀所受的离心力，单向球阀关闭，油压推动活塞，使之克服回位弹簧的弹力而右移，将所有的钢片和摩擦片相互压紧在一起，钢片和摩擦片之间的摩擦力使输入轴和输出轴连接为一个整体，此时离合器处于接合状态。

当液压控制系统将作用在离合器液压缸内的液压油的压力解除后，由于此时单向球阀所受的离心力大于液压力，单向球阀开启，液压缸外缘油液经单向球阀排出，内缘油液由回位弹簧推动活塞回位而排出，钢片和摩擦片不受轴向力而自动分离，此时，输入轴和输出轴可以朝不同的方向或以不同的转速旋转，离合器处于分离状态。

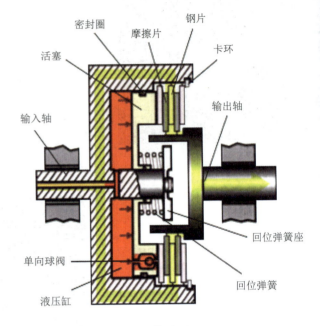

离合器构造图

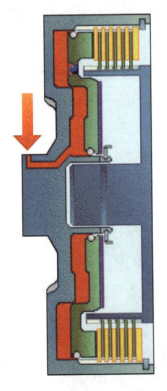

离合器接合状态示意图

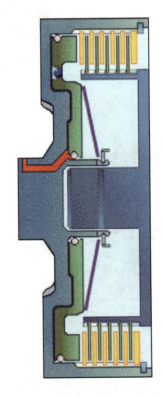

离合器分离状态示意图

56

单向球阀有什么作用？

　　一般在离合器内部只有一条油道，油道设在离合器的中心部位，进油和泄油均要通过这一条油道。在离合器接合时，推动活塞的液压油受到离心力的作用被甩到液压缸的外缘。在离合器分离时，其液压缸内仍残留有少量液压油不易排出。由于离合器鼓高速旋转，残留在液压缸内的液压油在离心力的作用下被甩向液压缸外缘处，并在该处产生一定的油压。若离合器鼓的转速较高，这一压力有可能推动活塞压向离合器片，使离合器处于半接合状态，导致钢片和摩擦片因互相接触摩擦而产生不应有的磨损，影响离合器的使用寿命。为了避免这种现象的出现，在离合器的活塞上装有单向球阀。

　　当离合器接合时，液压力使单向球阀压紧在阀座上，单向球阀处于关闭状态，液压缸成为密闭的油腔，离合器可以传递转矩；当离合器分离时，随着液压油的排出液压力下降，单向球阀在离心力的作用下离开阀座，使单向球阀处于开启状态，残留在液压缸内的液压油在离心力的作用下从单向球阀的阀孔中流出，保证了离合器的彻底分离。

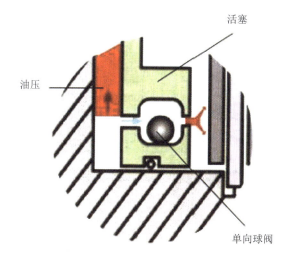

单向球阀工作原理示意图

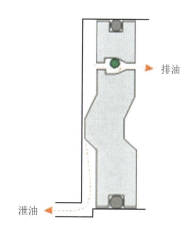

单向球阀工作原理示意图

57

离心平衡式离合器有什么优势？

有些自动变速器采用了离心平衡式离合器，它消除了离心液压力，增强了离合器的控制能力，取消了传统的单向球阀。

离心平衡式离合器是在普通离合器液压缸的对面设有离心平衡室，其内一直充有来自涡轮轴的润滑油管送来的自动变速器油。离合器旋转时，离合器液压缸内的油液残压在离心力的作用下推压活塞，但离心力也作用于离心平衡室内的自动变速器油上，两个作用力方向相反，互相抵消，活塞不动作，离合器也不会接合。

当离合器接合时，活塞液压缸内的离合器压力大大超过平衡室内的润滑油压力和弹簧压力，液压力推动活塞，离合器接合。离合器接合油液和平衡油液产生的离心力互相抵消，这使活塞在整个转动过程中能得到稳定的推力，减少换挡振动。

当离合器分离时，离合器液压缸内的油液残压离心力和平衡室内的液压离心力相互抵消，活塞在回位弹簧的作用下回位，取消了单向球阀，使离合器能迅速彻底分离。

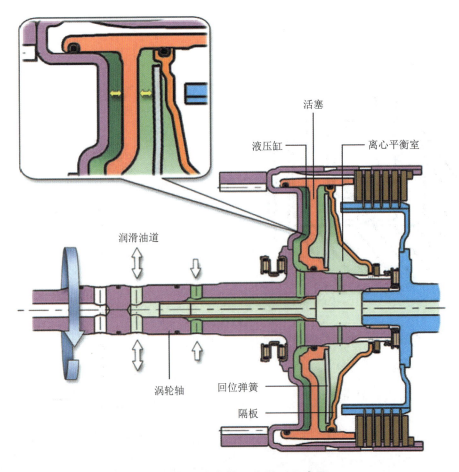

离心平衡式离合器工作原理示意图

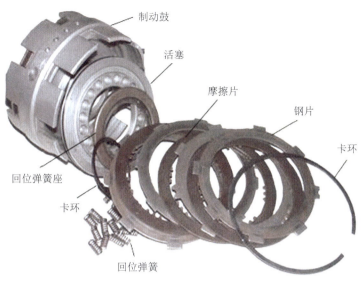

制动鼓
活塞
摩擦片
钢片
卡环
回位弹簧座
卡环
回位弹簧

多片湿式制动器构造分解图

自动变速器中制动器的类型有两种：即多片湿式制动器和带式制动器。其中，多片湿式制动器的结构和离合器的结构基本相同，但它与离合器的不同之处有两点：一是制动毂是变速器的壳体，因此它不是把两个基本元件连接起来使两元件一起旋转，而是把某一元件固定在变速器的壳体上；二是制动器的活塞不运动，因此在活塞上并无单向球阀。除此之外，其构造、工作原理与离合器相同。

58

制动器有什么作用？

制动器的作用是固定，固定是指将行星齿轮机构中的某一基本元件与自动变速器的壳体连接，使之被固定住而不能旋转，以便在有动力输入的情况下，使行星齿轮机构获得固定的传动比将动力输出。

第四章 齿轮变速机构

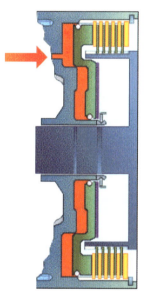

制动器接合状态示意图

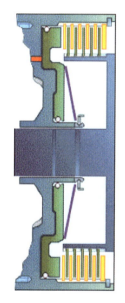

制动器分离状态示意图

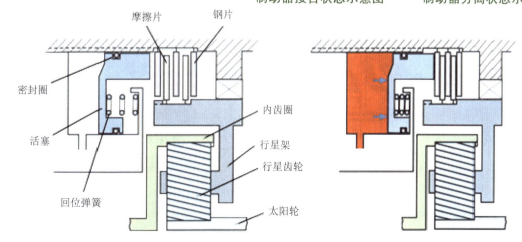

摩擦片
钢片
密封圈
活塞
回位弹簧
内齿圈
行星架
行星齿轮
太阳轮

多片湿式制动器工作原理示意图

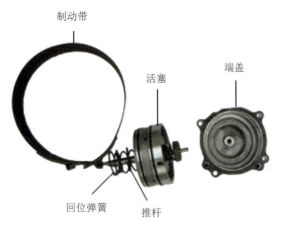

制动带

活塞

端盖

回位弹簧

推杆

带式制动器构造分解图

59

为什么称为带式制动器?

此制动器是利用围绕在制动鼓周围的制动带收缩而产生制动效果的一种制动器,因此称为带式制动器。

带式制动器的优点:占用自动变速器较小的空间;制动器在工作时,具有方向自增力的特性;单向制动力强,同时释放快。

60

带式制动器有哪些部件?

带式制动器主要由制动鼓、制动带、活塞、液压缸、回位弹簧、推杆、密封圈等组成。

制动带是带式制动器的关键元件之一,它是一种在卷绕的钢带底板上粘接摩擦材料的开口式环形钢带,开口的一端支撑在与变速器壳体固定连接的支座上,另一端与推杆接触。按变形能力制动带可分为刚性和挠性两种类型;按制动带结构可分为单边式和双边式两种类型。

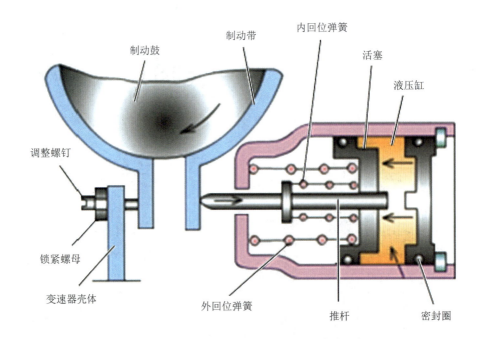

制动鼓

制动带

内回位弹簧

活塞

液压缸

调整螺钉

锁紧螺母

变速器壳体

外回位弹簧

推杆

密封圈

带式制动器构造图

粘接在钢带内表面上的摩擦材料，其摩擦性能对自动变速器的性能来说是十分重要的。用于自动变速器的摩擦材料有多种类型，在商用汽车上一般采用硬度较高的铜基粉末冶金材料和半金属摩擦材料，在小客车上采用纸基摩擦材料。

61

带式制动器如何工作？

带式制动器的制动鼓与行星齿轮机构的某一基本元件相连接，并随之一起转动。

当液压油进入到液压缸内时，油压推动活塞，活塞推动推杆，同时，活塞克服回位弹簧的弹力。当推杆推动制动带至死点时，将制动带抱死在制动鼓上，而制动带固定在壳体上，则制动鼓连在壳体上，实现对基本元件的固定。

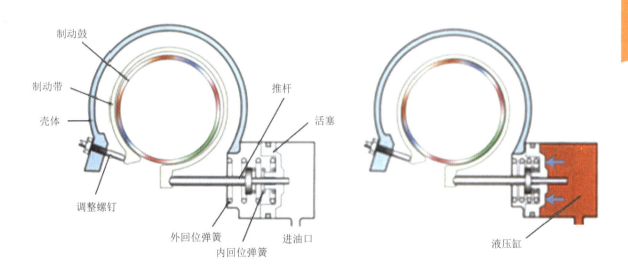

带式制动器工作原理示意图

第四章 齿轮变速机构

62

单向离合器有哪些结构形式?

常用的单向离合器有两种不同的结构形式:即滚柱式单向离合器和楔块式单向离合器。

滚柱式单向离合器是利用弹簧把滚柱固定在离合器内外座圈之间适当位置。外座圈的内表面有若干个凸轮状缺口,滚柱在弹簧力作用下,使其介于内座圈和缺口表面之间。当某一座圈固定,而另一座圈以一定方向旋转时,滚柱楔紧在缺口滚道的狭窄端,则旋转座圈也锁止。当该座圈朝相反方向旋转时,滚柱朝缺口滚道较宽端运动,滚柱和缺口滚道无楔紧趋势,该座圈能自由转动。

楔块式单向离合器实物图

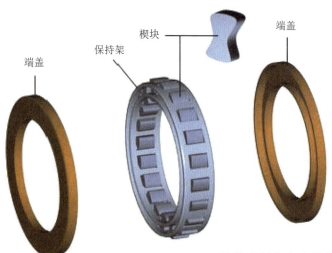

端盖　保持架　楔块　端盖

楔块式单向离合器构造分解图

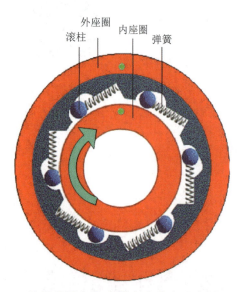

外座圈　内座圈　弹簧
滚柱

滚柱式单向离合器自由状态示意图

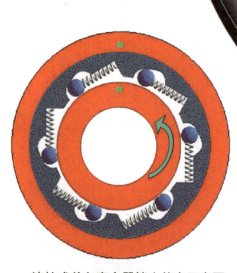

滚柱式单向离合器锁止状态示意图

楔块式单向离合器包括内外座圈和介于座圈之间的"S"形的金属楔块。当其中一个座圈固定，而另一座圈往某一方向旋转时，其结果使"S"形楔块竖起，楔紧内外座圈表面，则旋转座圈锁止。当该座圈以相反方向旋转，使楔块倒下，没有楔紧内外座表面的趋势，那么该座圈可以自由转动。

楔块式单向离合器实物图

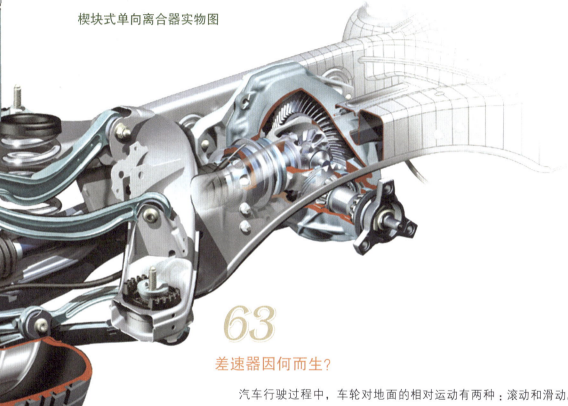

63

差速器因何而生？

汽车行驶过程中，车轮对地面的相对运动有两种：滚动和滑动。汽车在平坦的路面上直线行驶时，左右两个驱动轮在路面上纯滚动。但当汽车转弯时，车轮的运动轨迹是圆弧形，使左右两个驱动轮产生转速差，从而使车轮在路面上滑动，产生所谓的转向干涉现象，使汽车转向困难，就像同时踩制动踏板一样，因此也称转向制动现象。

非驱动轮由于左右两侧车轮相互独立，因此不存在转向干涉现象。但驱动桥两侧的车轮如果用一根轴刚性连接，两个车轮只能以相同的速度旋转，当汽车转向时，车轮就会在路面上滑动，从而造成转向干涉现象。为了使驱动桥两侧的车轮转速可以有所不同，人们便发明了差速器，它可以允许两侧的驱动轮以不同转速行驶，即我们所说的差速。

布置在前驱动桥或后驱动桥的差速器，分别称为前差速器或后差速器，它们都是轮间差速器。如果将它布置在四驱汽车的中间传动轴上，用来调节前轮和后轮之间的转速，则称为中央差速器。

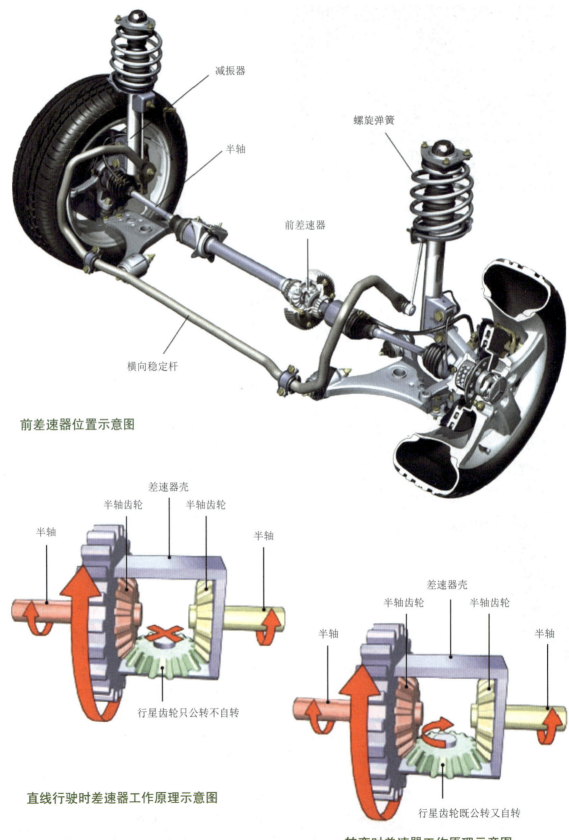

减振器

螺旋弹簧

半轴

前差速器

横向稳定杆

前差速器位置示意图

差速器壳

半轴齿轮   半轴齿轮

半轴   半轴

行星齿轮只公转不自转

直线行驶时差速器工作原理示意图

差速器壳

半轴齿轮   半轴齿轮

半轴   半轴

行星齿轮既公转又自转

转弯时差速器工作原理示意图

64

差速器如何差速？

为了调节车轮之间的转速差，在传动系统中安装了差速器。最常用的差速器由差速器壳、行星齿轮轴、两个行星齿轮、两个半轴齿轮、复合式推力垫片等组成。主减速器从动齿轮通过螺栓固定在差速器壳上，行星齿轮轴装入差速器壳轴颈孔后用止动销定位。两个行星齿轮套装在行星齿轮轴的两端，并可以绕行星齿轮轴自转；而两个半轴齿轮分别与行星齿轮啮合并通过中间花键孔与两侧半轴连接。行星齿轮和半轴齿轮的背面制成球面，差速器壳的内表面也制成球面，以保证四个齿轮能正确啮合。四个齿轮与差速器壳之间装有复合式推力垫片，用以减轻摩擦、降低磨损，以提高差速器的使用寿命。

当汽车直线行驶时，主减速器主动齿轮的驱动力转向90°传递到主减速器从动齿轮上，从动齿轮通过行星齿轮轴带动两个行星齿轮一起旋转，并带动两个半轴齿轮旋转，从而驱动车辆前进。此时由于是直线行驶，左右两个驱动轮所遇到的阻力一样，因此，中间的两个行星齿轮不自转，只随着行星齿轮轴一起公转。

当汽车转弯时，左右车轮遇到的阻力就不同，左侧半轴齿轮和右侧半轴齿轮就会产生阻力差，它便会使中间的两个行星齿轮在随行星齿轮轴公转的同时还绕着行星齿轮轴自转，从而吸收阻力差，使左右车轮能够以不同的速度旋转，让汽车顺利转弯。

第四章　齿轮变速机构

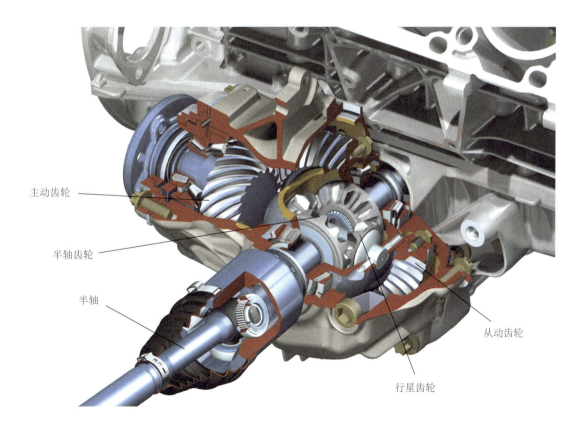

主动齿轮

半轴齿轮

半轴

从动齿轮

行星齿轮

差速器内部构造图

自动变速器的挡如何形成？

　　自动变速器所处的挡位是由变速杆通过手控阀确定的，那么当自动变速器处于前进 D 挡位时，自动变速器的挡是如何确定的呢？

　　我们都知道，现在市场上的自动变速器都是电子控制的，电控系统是由传感器、电脑和执行器组成的。通俗地讲传感器相当于人的眼睛、耳朵和鼻子等；电脑相当于人的大脑；执行器相当于人的手和足等。传感器负责采集汽车运行状况的信息并将其传给电脑，电脑分析、处理这些信息后，向执行器发送控制指令，执行器通过控制相应的换挡阀完成换挡动作，从而形成不同的挡。

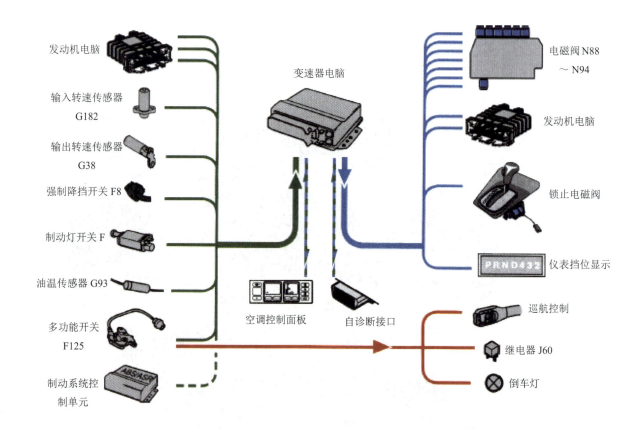

奥迪01V自动变速器电子控制系统结构图

66

自动变速器如何传递动力?

起动发动机,待暖机结束后,我们就可以根据需要将变速杆挂入相对应的挡位。当挂入挡位后,将制动踏板抬起,稍踩加速踏板就可以行车。此时,发动机的动力经液力变矩器传递给齿轮变速机构,经过齿轮变速机构再传到主减速器和差速器,而后经差速器传递给驱动轮,控制系统根据行车状况自动控制变速器的升降挡。

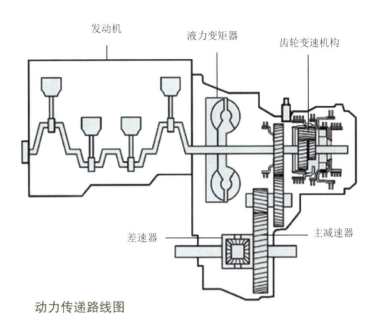

动力传递路线图

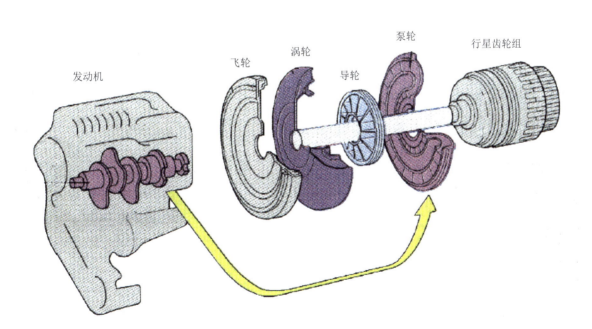

动力传递路线图

67

什么是发动机制动?

在汽车上所产生的制动包括四种：行车制动、驻车制动、排气制动和发动机制动。所谓发动机制动是驾驶行为的一种术语，它是把汽车行驶的水平动能通过传动系传给涡轮，使涡轮旋转必强行带动曲轴旋转，促使气缸压力对滑行产生制动作用来有效地控制车速。而降挡和松加速踏板两种措施都可以达到利用发动机制动作用来有效控制车速的目的。

松加速踏板法：一般主要运用在高速公路行驶的状况下，即行驶速度较高时，如发现前方车流较大，需提前减速或避让，这时可采取此方式。其优点是可以避免频繁的换挡，降低驾驶人劳动强度，节约燃油，提高车辆的经济性。

降挡法：指在下陡坡或连续下坡时将车辆换入一个较低的挡，以此来控制车速的驾驶方式。

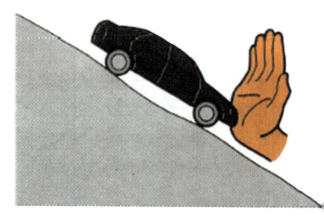

发动机制动效果图

发动机制动

D1挡与L1挡有何区别？

　　一般自动变速器的变速杆有P–R–N–D–2–L六个挡位，其中D–2–L属于前进挡位。驾驶人可以根据不同的行驶条件选择不同的挡位。当变速杆位于D挡位时，变速器在D1–D2–D3–D4挡之间自动切换；当变速杆位于2挡位时，变速器在21–22–23挡之间自动切换；当变速杆位于L挡位时，变速器在L1–L2挡之间自动切换，那么D1挡、21挡、L1挡又有何区别呢？

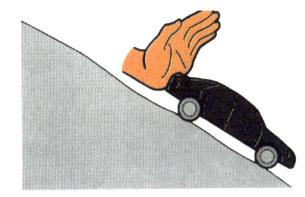

没有发动机制动的前进挡，坡度的推力将产生附加的加速作用

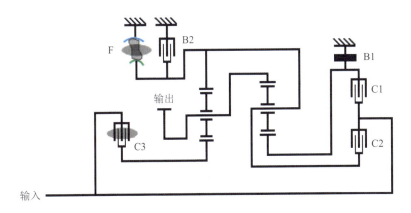

D1挡执行元件工作状况图

　　其实它们同属于1挡，其传动比大小是一样的，这是它们的共同点。其不同点是控制形成1挡的执行元件不同，比如说形成D1挡的执行元件有离合器C3和单向离合器F，而形成L1挡的执行元件就是离合器C3和制动器B2，那么这里的单向离合器只能起到单向固定作用，而制动器则能起到双向固定作用，反映在汽车上就是D1挡没有发动机制动作用，而L1挡有发动机制动作用。

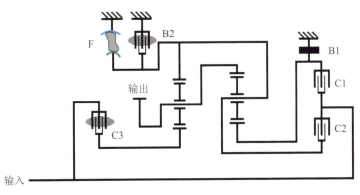

L1挡执行元件工作状况图

69

自动挡车辆如何超车？

当需要超车时，迅速将节气门增大，此时，通过强制降挡开关或加速踏板模块中的位置传感器将信号传递给电脑，电脑通过控制相应的电磁阀使自动变速器自动降低一个挡，汽车的动力性增强，可获得强烈的加速效果。待加速达到要求后，应立即松开加速踏板（自动变速器又自动升入高挡），以避免发动机的转速过高和对高挡换挡执行元件造成过大的冲击。行驶中，若非紧急超车等情况，尽量不要将加速踏板迅速踩到底，因为这样做自动变速器会进行"强制低挡"控制，即自动变速器立即强制换入低挡，容易使发动机转速过高，造成自动变速器中摩擦片磨损加剧和自动变速器油温过高。

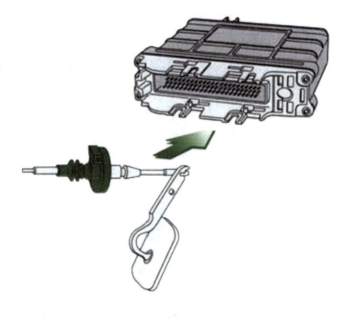

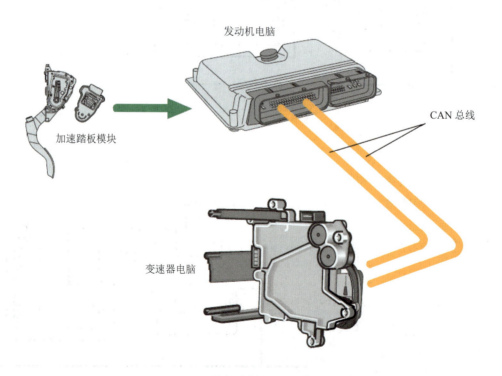

发动机电脑

加速踏板模块

CAN 总线

变速器电脑

强制超车控制原理图

70

为何自动变速器不能应用在重型车上？

手动变速器是利用离合器将发动机的动力传递给变速器，属于机械传动。在手动变速器内部，通过接合套使各挡位的常啮合齿轮工作，也属于机械传动。在自动变速器车辆中，用液力变矩器代替手动变速器中的离合将发动机的动力传递给自动变速器。由于液力变矩器是依靠自动变速器油液来传递动力的，因此，属于液力传动。在自动变速器内部的离合器、制动器是通过油液的压力控制来工作的，属于液压传动。

由此可以看出，对于手动变速器，整个传递动力的过程属于机械传动，它可以传递大转矩。而自动变速器的动力传递过程属于液力传动和液压传动，当其所传递的转矩达到一定程度时，变速器内部的离合器、制动器将会打滑烧蚀，造成自动变速器以及液力变矩器的损坏。因此，自动变速器不能应用在传递大转矩的重型车上。

液体传动式自动变速器

机械传动式手动变速器

第五章
控制系统

如果齿轮变速机构是自动变速器的"腿"，那么控制系统就是自动变速器的"神经"，它控制着变速器的自动升降挡、锁止离合器的锁止以及调节主油压的大小，从而使我们的驾驶随心所欲。

71

控制电脑有什么作用？

控制电脑需要采集并处理庞大的信息量来做出决策，可谓日理万机。它是电子控制系统的中枢，其作用如下。

（1）数据采集和存储

采集并存储各种传感器的信号。

（2）数据分析和计算

根据设定的程序，对各种传感器的信号进行分析和计算，以了解车辆的运行状况，从而确定最佳的换挡时间和变矩器锁止时间。

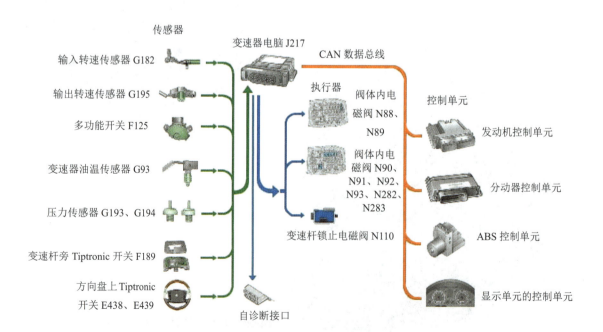

AG6-09D变速器控制系统

（3）指令控制

向各执行器发出工作指令，操纵电磁阀的通断以实现自动换挡等各种功能。

（4）故障监测

实时监测整个电控系统的工作状况，一旦发现有异常状况，如某个传感器的信号超出预先设置的范围，则以故障码的形式在存储器中记录故障，同时通过故障指示灯发出故障指示，情况严重的，还将使变速器进入故障保护模式。

（5）通信功能

包括与诊断仪通信和其他系统的控制电脑通信。维修人员将故障诊断仪接到自诊断接口上即可调取电脑中存储的故障码，也可以在行驶过程中读取电脑运行中的数据流，这对检测间歇性故障十分有用。变速器电脑还不断与发动机、ABS 等控制电脑通信，以获得其他控制系统的状态参数，以实现更精确的全车综合控制。

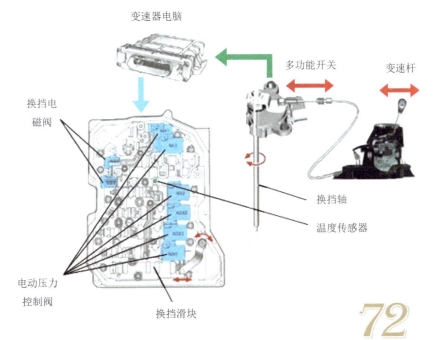

挡位识别控制图1

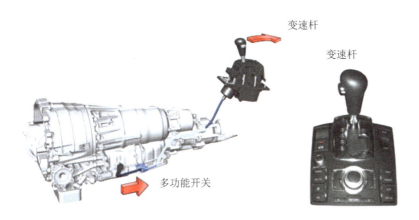

挡位识别控制图2

72

控制电脑如何识别当前所处的挡位?

自动变速器在变速杆下侧或变速器壳体上安装有多功能开关，当驾驶人操纵变速杆时，通过换挡轴控制多功能开关内的触点移动，将变速器当前所处的挡位信息传递给控制电脑，电脑由此识别变速器当前所处的挡位，然后控制相应的电磁阀工作，以实现自动换挡的目的。

73

控制系统都有哪些传感器?

　　传感器相当于人的眼睛,它负责获取汽车的运行参数并传递给电脑,电脑根据传感器所提供的参数来控制执行器工作,从而使汽车正常行驶。那么控制系统都有哪些传感器呢?

　　控制系统主要包括以下这些传感器:节气门位置传感器、车速传感器、输入转速传感器、输出转速传感器、油温传感器、油压传感器等。

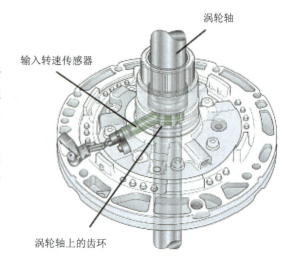

涡轮轴

输入转速传感器

涡轮轴上的齿环

输入转速传感器位置图

输入转速传感器

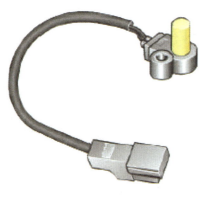

输入转速传感器

输出转速传感器

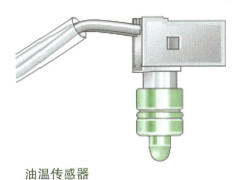

油温传感器

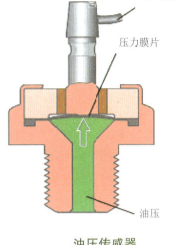

电气接口

压力膜片

油压

油压传感器

节气门位置传感器

为什么要有节气门位置传感器？

　　人要行走，必须有眼睛来获知前方路线，自动变速器要自动换挡，也必须有"眼睛"来获取汽车运行条件，这个"眼睛"就是节气门位置传感器。节气门位置传感器将采集的信息传送给自动变速器控制电脑，控制电脑经过分析、处理来控制变速器降挡。

节气门位置传感器

75

车速传感器为主控信号吗？

自动变速器要自动换挡，除了节气门位置传感器这只"眼睛"外，还要有另一只"眼睛"，这就是车速传感器。车速传感器将采集的信息传送给自动变速器控制电脑，控制电脑经过分析、处理来控制变速器升挡。

电脑通过接收节气门位置传感器和车速传感器的信息，在某一时刻，如果节气门位置传感器信号大于车速传感器信号，电脑控制自动变速器降挡；相反，车速传感器信号大于节气门位置传感器信号，电脑则控制自动变速器升挡。我们平时所说的踩加速踏板提前降挡、松加速踏板提前升挡的道理即在于此。

车速传感器

76

变速器油温传感器有什么作用？

变速器油温传感器安装在自动变速器油底壳内的阀体线束或固定在阀板上，浸在 ATF 中，用于检测自动变速器的油液温度，作为自动变速器电脑进行换挡控制、油压控制和锁止离合器控制的依据。

变速器油温传感器也是一种负温度系数热敏电阻元件，其电阻值随温度的变化而变化。当温度升高时，传感器的阻值随之减小，电脑根据其阻值的变化测得自动变速器油的温度。其具体作用如下。

1）油温低时：不升入高挡，锁止离合器也不锁止。

2）油温高时：降挡，锁止离合器锁止。

3）油温低于 60℃时，将主油压调到低于正常值，防止因油温低黏度较大而产生换挡冲击。

4）油温低于 -30℃时，电脑控制将主油压调到最大值，防止油温过低时，因油黏度过大而使换挡过程过于平缓。

车速传感器

图解汽车自动变速器构造与原理

油温传感器

油温传感器位置图

77

电磁阀有什么作用?

电控自动变速器中的执行器主要是各种电磁阀,其作用是根据变速器电脑的指令接通、切断或部分接通、部分切断液压回路,以实现自动变速器的换挡、变矩器内锁止离合器的锁止、主油压的调节等控制内容。

不同的自动变速器使用的电磁阀数量不同,一般为 3 ~ 8 个不等。例如上海通用的 4T65-E 自动变速器电控系统有 4 个电磁阀,其中 2 个是换挡电磁阀、1 个是油压电磁阀、1 个是锁止离合器电磁阀,而一汽大众的 01M 自动变速器电控系统则采用 7 个电磁阀。

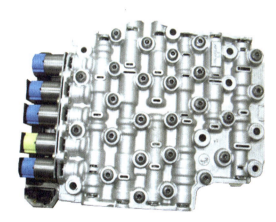

电磁阀的安装位置示意图2

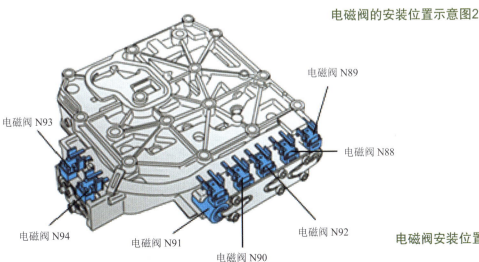

电磁阀 N89

电磁阀 N93

电磁阀 N88

电磁阀 N94

电磁阀 N92

电磁阀 N91

电磁阀 N90

电磁阀安装位置示意图1

第五章 控制系统

79　刘总监解车热线书系

第六章
阀　　体

看一眼下面的结构图，它像什么？像地道还是蜂巢？其实，它是自动变速器的阀体。自动变速器能正常工作，与阀体是分不开的。控制系统通过控制阀体内的机械滑阀使自动变速器工作。

自动变速器

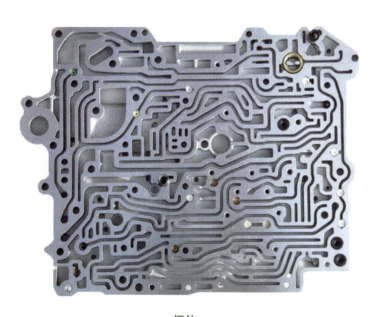

阀体

阀体安装位置图

78

阀体起什么作用？

自动变速器的液压控制系统除执行元件以外，其中大部分控制阀都集中安装在一块或几块组合在一起的阀板上，控制阀和阀板的总成称做阀体。电控自动变速器的电磁阀通常装在阀体上。阀体的作用就是根据发动机和汽车的负荷及驾驶人的需要，来控制输出到不同执行机构的油压。

电子模块

液压模块

阀体上部视图

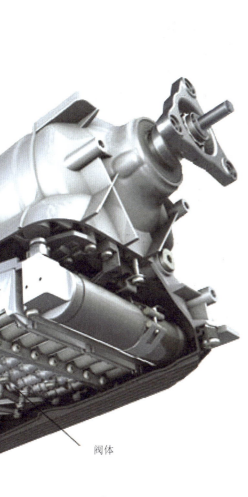

阀体

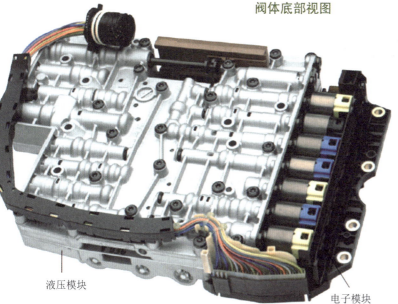

阀体底部视图

液压模块

电子模块

79

阀体的结构是怎样的?

阀体多数是由铝合金铸造加工而成的,阀体有许多精加工的油孔和油道。油液通过一定的油道和油孔流入和流出阀体。虽然许多油道和油孔加工在自动变速器壳体和油泵壳体上,但是大多数还是在阀体上。

自动变速器的大部分控制阀安装在阀体上,同样也安装有许多不同的单向球阀。阀体上的控制阀的作用是控制通过变速器的油液的通断或调节油液的流量。可以通过一个阀或多个阀控制流经油道和油孔的油液。

主调压阀有什么作用?

主调压阀由滑阀、阀板和弹簧组成,其作用是根据节气门开度和手控阀位置,把自动变速器油泵产生的液流压力控制在一个合适的范围,用于操作变速器内的离合器和制动器以及进一步调节变速器内的其他压力。

按传动系统的不同设计,通常都把主油压调节在 410 ~ 2373kPa 之间。在不同的工况下,对主油路油压的要求不同,一般要求为:主油路油压随节气门(负荷)变化,大节气门开度(重负荷)时,主油路油压高;随挡位变化,倒挡时主油路油压较前进挡位高。

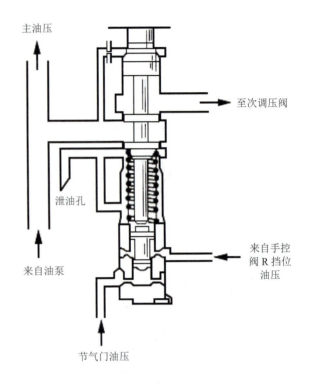

主调压阀构造及原理图

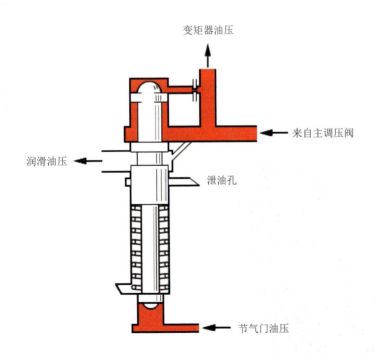

次调压阀构造及原理图

为什么要有次调压阀?

次调压阀用于将主调压阀泄出的油液调节成变矩器使用的油压和润滑用的油压,经调节的压力称为变矩器油压和润滑油压。

变矩器油压用于液力变矩器的工作。由于发动机的转矩全部都要经过变矩器传递,而变矩器传递转矩的能力与变矩器的工作油压有关,因此变矩器油压的变化必须与发动机负荷的变化一致。润滑油压用于变速器内所有旋转零件的润滑。

82

节气门阀如何动作?

节气门阀的作用是调节与发动机负荷相关的负荷油压，由于调节是通过节气门阀实现的，也称为节气门油压，节气门油压受控于加速踏板，因此又被称为加速踏板控制油压。节气门油压用于调节主油压和变矩器油压与润滑油压。另外，节气门油压更重要的作用是控制降挡。

节气门阀体内有两个滑阀，上边一个是节气门阀，下边一个是强制降挡阀，两阀之间有弹簧，使两阀受弹簧张力作用，阀内还有另一个弹簧作用在节气门阀的上部，给节气门阀一个向下的张力。强制降挡阀外露部分装有一个滚轮，滚轮与节气门的凸轮滚动接触，凸轮通过一个软轴内的拉索与节气门轴联动，节气门开闭，凸轮便转动，凸轮便顶着强制降挡阀上下移动，于是强制降挡阀便推动弹簧和节气门阀上下移动，以控制节气门油压。

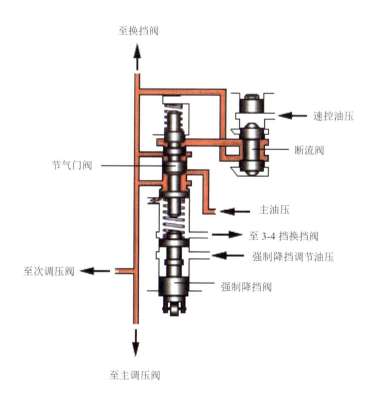

节气门阀动作原理图

速控阀起什么作用？

　　速控阀也称为调速器，其作用是输出一个与车辆行驶速度相关的速控油压，作用于各换挡阀无弹簧端，控制升挡。速控油压是液控液力式自动变速器中除节气门油压外的另一个重要油压。

　　速控阀由壳体、滑阀、速控阀轴、重块、弹簧等组成。

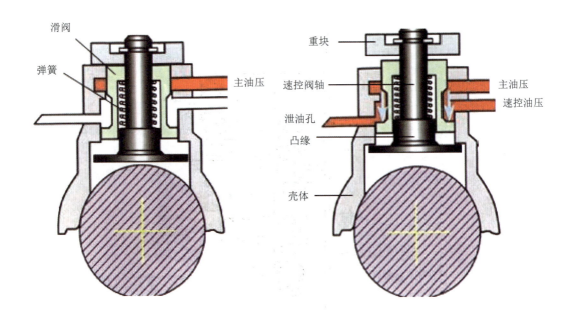

速控阀构造及原理图

手控阀能提供挡位吗？

　　手控阀是安装在控制系统阀体总成中的多路换向阀，由驾驶室内的自动变速器变速杆进行控制。自动变速器变速杆的作用与普通手动变速器的变速杆不同。手动变速器变速杆的工作位置就是变速器的挡位，变速器有几个挡位，变速杆就有几个工作位置。而自动变速器变速杆的位置是自动变速器的工作方式，与挡数并不对应。例如，自动变速器变速杆置于前进挡位 D 位置时，对 4 挡自动变速器而言，变速器可根据换挡信号在 1～4 挡之间自动变换；对 5 挡自动变速器而言，变速器则可根据换挡信号在 1～5 挡之间自动变换。手控阀还提供倒挡位 R、空挡位 N、驻车挡位 P 等功能。

　　在阀体上有许多条油道，其中来自管路油压的油道为与主油路相连的进油道，其余为出油道，分别通往 "P" "R" "N" "D" "2" "L" 挡位相应的滑阀或直接通往换挡执行元件。

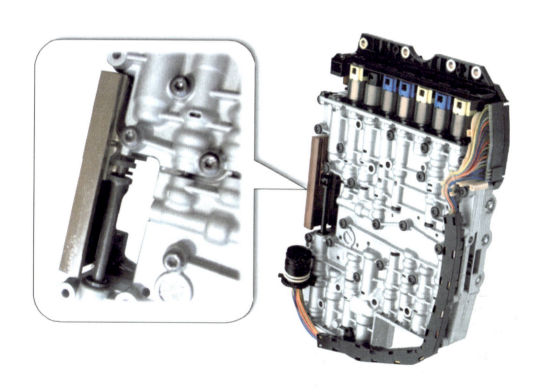

手控阀位置图

第六章　阀体

85

断流阀如何协调工作？

断流阀的作用是使节气门油压与速控油压建立某种联系，即使节气门油压与车速有一定的关联性。

在自动变速器中，挡的变换是由速控油压与节气门油压共同控制的，加速踏板的位置相同，车辆行驶的速度可能不同。例如，节气门开度不变，车辆下坡，车速增加，自动变速器应适时换入高速挡。此时如果节气门油压不随车速有所变化，则车辆换挡时机与平坦路面上就会有很大区别。为此目的，在车速增加时，将速控油压引至节气门阀的上方，产生一个向下的作用力，使节气门油压下降，由于节气门油压作用在各换挡阀的上方，从而使得各换挡阀上方的力减小，下方的速控油压随车速增加而加大，这样换挡时刻就提前了，这时也应有与之相应的节气门油压，这一任务便由断流阀产生的断流压力作用在节气门阀上方完成。

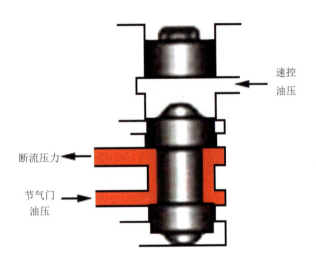

断流阀构造及原理图

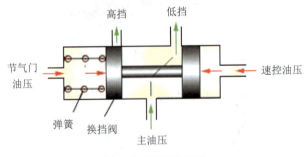

换挡阀构造及原理图

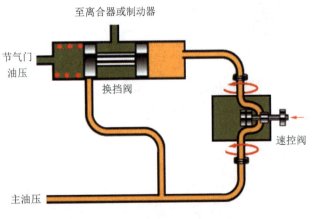

简单换挡回路图

86

什么是换挡阀？

换挡阀是一种由液压控制的2位换向阀，它有两个工作位置，可以实现升挡或降挡的目的。图中换挡阀的右端作用着来自速控阀的速控油压，左端作用着来自节气门阀的节气门油压和弹簧的弹力。

换挡阀的位置取决于两端控制压力的大小。当右端的速控油压作用力低于左端的节气门油压作用力和弹簧的弹力之和时，换挡阀保持在右端；当右端的速控油压作用力高于左端的节气门油压作用力和弹簧的弹力之和时，换挡阀移至左端。换挡阀改变方向时，主油路的方向发生变化，以实现不同的挡。图中当换挡阀从左端移至右端时，自动变速器降低1个挡，反之则升高1个挡。

单向球阀的好处是什么？

如果分解自动变速器的阀体，会在控制阀体与隔板之间多处有小球，材料有钢质、塑料和橡胶三种，小球和阀体及中间隔板组成的控制阀称为单向球阀。

单向球阀有两种类型：一种起到节流作用，位于控制油压和离合器或制动器液压缸之间。隔板上有两个油孔，一大一小；一种用于控制压力油的流向，即对来自不同油路的液压油向同一个出油孔输送油压进行控制。

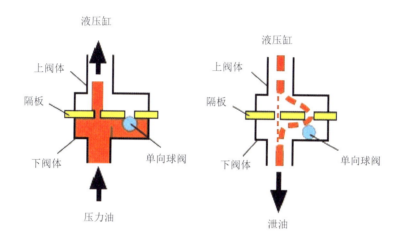

节流作用的单向球阀构造及原理图

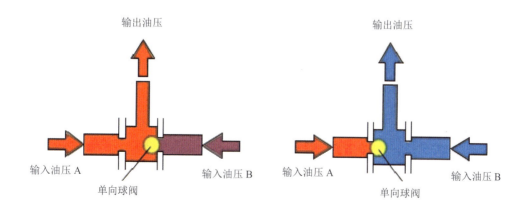

控制作用的单向球阀构造及原理图

为什么要有蓄压器?

蓄压器也称为蓄压减振器或储能减振器,常用来缓冲换挡冲击,一般由蓄压器活塞和减振弹簧组成。它与离合器或制动器并联安装,压力油进入离合器或制动器活塞液压缸的同时也进入蓄压器,将蓄压器活塞压下,以此方式降低离合器或制动器活塞液压缸的压力,防止离合器或制动器的摩擦片快速接合时引起的冲击。

在压力油进入执行元件的初期,油压不是很高,主要作用是消除离合器、制动器摩擦片间的间隙,使其开始接合。此后,压力迅速增大,若没有蓄压器的话,摩擦片将在瞬间接合并被加载,从而造成较大的换挡冲击。有蓄压器以后,情况就不一样了,油压的升高使蓄压器活塞克服弹簧力而下移,容积增大,油路中部分压力油进入蓄压器工作腔,延长了换挡执行元件液压缸的充油时间,油压的增长速度减缓,摩擦片接合柔和,因而减小了换挡冲击。

蓄压器实物图

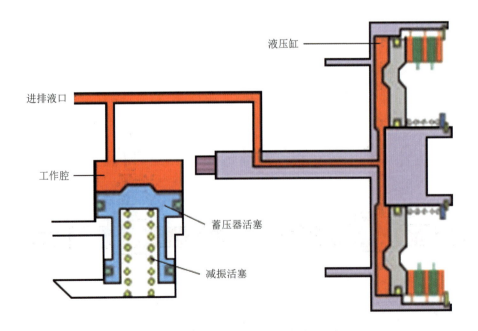

蓄压器工作原理图

第七章
油和冷却器

如果说自动变速器油液是变速器的"血液"，那么它也有血型。不同血型的"血液"绝不可混加，否则将引起致命性故障。自动变速器像人一样，也需要一个合适的"体温"，这就得归功于冷却器。

自动变速器的"血液"是什么？

当自动变速器刚刚投入使用时，所用油液为普通润滑油，经过一段时间的使用，人们发现这种油液在许多方面不能满足自动变速器的要求。1949年，由美国通用汽车公司首次研制出专用的自动变速器油。自动变速器油在汽车自动传动系统中有极重要的地位，可以将其比喻为系统中的"血液"。自动变速器用油是一种高级润滑油，它含有多种化学添加剂，在汽车自动变速器中发挥了十分重要的作用，通常简称为 ATF（Automatic Transmission Fluid）。

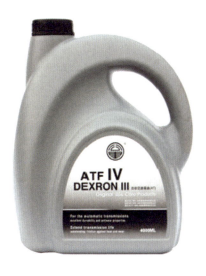

自动变速器油

自动变速器油

90

ATF 也有血型吗？

（1）通用汽车公司的 DEXRON® 系列 ATF

20 世纪 60 年代，美国通用汽车公司推出了含有摩擦改进剂的 DEXRON® 型 ATF，并针对使用中出现的问题对其进行不断改进。1973 年，生产出比 DEXRON® 静摩擦系数更低的 DEXRON® II 自动变速器油。1976 年，又对 DEXRON® II 型 ATF 腐蚀自动变速器冷却器管路的问题进行了改进。1990 年，通用汽车公司又推出了新一代的 DEXRON® II 型 ATF。

（2）福特汽车公司的 F 型 ATF

1959 年，福特汽车公司开发的 F 型 ATF 不含摩擦改进剂。福特公司希望通过 F 型油使换挡执行元件更快接合，缩短滑摩时间来减少发动机强化后自动变速器内产生的热量，在设计指导思想上与 DEXRON® 系列 ATF 有根本的差异。

（3）福特汽车公司的 MERCON® ATF

1998 年，福特汽车公司开发了新型的含有摩擦改进剂的 MERCON® ATF，以便代替通用汽车公司的 DEXRON® 型 ATF。

91

为什么 ATF 不能混加？

　　自动变速器使用何种 ATF，在变速器的设计过程中已经确定，使用非指定的 ATF 可能产生不良的后果，这是因为并非所有的 ATF 都含有摩擦改进剂。当规定使用 F 型 ATF 的自动变速器错加了 DEXRON® Ⅱ 或 MERCON® 时，会使滑摩大大增加，尤其在需要输出大转矩的情况下，滑摩加剧离合器和制动器摩擦材料的磨损，缩短了使用寿命。而当规定使用 DEXRON® Ⅱ 或 MERCON® ATF 的自动变速器误用 F 型 ATF 时，便要出现自动变速器换挡冲击过大的问题，造成零部件不应有的损害。因此，在自动变速器换油或维修时，一定要遵循原厂规定或用户手册说明，加注规定牌号的自动变速器油。

自动变速器油液

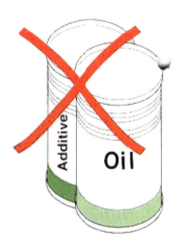

其他类油液

第七章　油和冷却器

92

ATF 脏了会出现什么后果？

首先是油老化、衰变，将会使内部的传动机件耐磨能力下降，从而大大影响各部件的寿命。其次，脏油中的油泥、杂质会加大各摩擦片和各部件的磨损，而且还影响系统油压，使动力传递受到影响。第三，脏油中的油泥、杂质会使阀体油管中的油流动不畅，油压受影响，从而使自动变速器提速慢或失效，严重了还会使某个挡位无油压导致"烧片子"，动力传不出去。

因此，车主应注意保养换油，每个汽车生产企业生产的轿车品牌不同，换油周期也不相同，注意自己品牌的使用说明书，到期必须更换。更换里程一般为 4 ~ 6 万公里左右或者车辆放置一年以上。车辆在比较恶劣的条件下使用时，一定要根据汽车的保养时间和行驶里程提前更换 ATF。如果正常保养使用，自动变速器的平均寿命在 70 万公里左右。

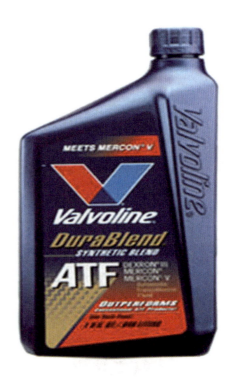

自动变速器油

93

为什么要定期更换 ATF？

汽车长时间爬坡、载重，市区走走停停的路况行驶，往往会造成自动变速器油变质，ATF 在变质后，会产生很多油泥，这样将加大自动变速器内摩擦片、齿轮和轴套的磨损，而且加大了静摩擦系数，换挡会变得不平稳顺畅，常常有顿一下的感觉，且 AFT 变质后对自动变速器内部热量的传递功能影响很大，有可能造成变速器烧损，因此，ATF 必须定期更换。

自动变速器

94

如何更换 ATF？

　　如果变速器不做大修，更换 ATF 的方式有两种。一种是通过重力作用把油放掉，换油率大概 40%，其原理和更换发动机机油相同，一个容量为 14 升油的变速器能换 5 ~ 6 升左右；另一种是利用机器产生压力，把变速器的润滑油管和冷却器里的油进行动态更换，换油率可以达到 90% 以上。

　　从变速器的换油机构看，欧、美、日车系中，有些车型带有放油螺栓，可以卸下螺栓放油，没有放油螺栓的车型，可以卸下油底壳放油。

自动变速器油

95

滤清器有什么作用？

　　自动变速器的离合器、制动器工作时，由于摩擦的原因，其表面的金属及摩擦材料会有部分脱落并进入到 ATF 中。这些机械杂质如果随油液在自动变速器中流动会造成油路堵塞，加剧零件表面磨损，阻碍液压控制系统滑阀的运动。滤清器的任务就是过滤掉 ATF 中的机械杂质，保证自动变速器的正常工作。

　　滤网式的自动变速器 ATF 滤清器安装在油底壳中，其结构与发动机润滑系统机油泵入口处安装的滤网相似，但滤网的孔径要小一些。

滤清器实物图

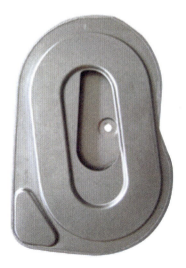

滤清器实物图

第七章　油和冷却器

96

自动变速器为什么要冷却?

　　自动变速器工作时靠 ATF 传递发动机的动力,液力变矩器的锁止离合器没有锁止时,ATF 会受到泵轮和涡轮的搅动引起油液分子强烈摩擦,另外离合器、制动器及零件的滑动摩擦也会产生热量,使 ATF 温度升高,黏度下降,自动变速器的工作性能变坏。另外,ATF 在高温下会分解并生成漆状物。漆状物导致润滑性能下降,并使滑阀运动受阻、换挡质量变差。

　　为了维持 ATF 的正常温度,自动变速器中有专用的 ATF 冷却器。ATF 冷却器分为油－水型冷却器和油－空气型冷却器两种。

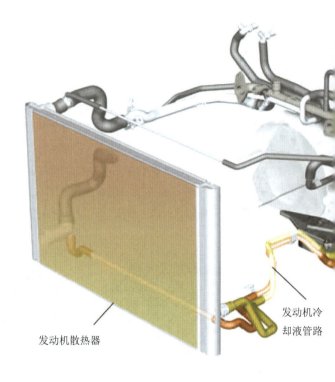

发动机冷却液管路

发动机散热器

油-水型冷却器

🟨	冷却介质向前
🟧	冷却介质回流
🟩	ATF 回流
🟩	ATF 向前

液体流向示意图

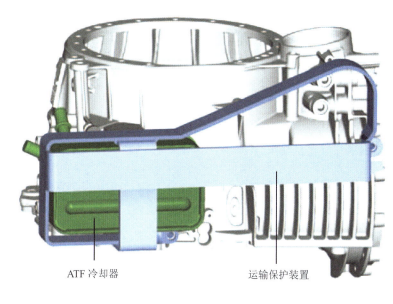

ATF 冷却器

ATF 冷却器　　　　　　　　运输保护装置

运输保护装置示意图

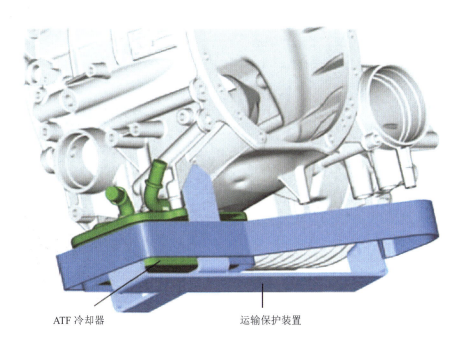

ATF 冷却器　　　　　　　　运输保护装置

运输保护装置示意图

第八章
检查与试验

自动变速器也要进行"体检"，不合格者，应进行治疗。只有使它保持身心健康，它才会朝气蓬勃。

97

如何进行"血液"检查？

自动变速器油被看作是变速器的"血液"，如果车主愿意，可以自己检查自动变速器油液面。检查时汽车应停放在平坦的路面上，发动机怠速运转，将变速杆在每个挡位上停留片刻后置于 P 挡位。打开发动机舱盖，拔出变速器油尺擦干，然后将其插入油底壳。拔出油尺读取液面高度，应符合标准。在油液检查过程中，一定要保证干净，避免尘土杂质进入变速器，导致变速器过早损坏。

对于大多数车辆来说，都会配有油尺，但是有些车辆没有配备油尺，那么我们如何来进行检查呢？此种车辆采用的是用溢油法检查液面高度。检查时，卸下油底壳上的放油螺栓，观察是否有油液溢出，如果没有油流出来，则说明变速器油不够。

通过上述检查，如果发现变速器油面出现不正常现象，首先进行简单的目视检查，看看是否存在明显的泄漏或其他故障，最好还是送到 4S 店进行检查和排除故障。

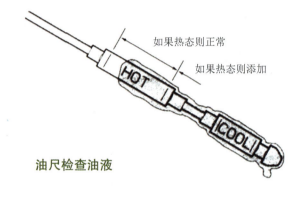

如果热态则正常

如果热态则添加

油尺检查油液

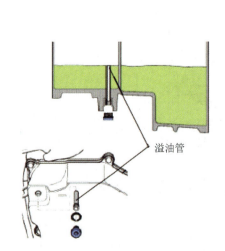

溢油管

ATF 排出阀

ATF 检查孔

溢油法检查油液

为什么称为失速试验？

失速是当发动机运转时液力变矩器的输出转速为零的现象，即泵轮旋转而涡轮固定不动的现象。失速试验是指汽车处于静止状态下，变速器挂入 D 挡位或 R 挡位，当发动机处于节气门全开时的最高转速。

其具体方法如下：

1）将汽车停放在宽阔的水平路面上，前后车轮用三角木块塞住。

2）用行车制动器与驻车制动器把车轮制动死。

3）检查自动变速器的油温，应在 75 ~ 90℃，冷车应在试验前使其升温；油面高度及油质正常。

4）起动发动机，将变速杆置于前进挡 D 位。

5）左脚踩下制动踏板的同时，右脚将加速踏板踩到底，在发动机转速不再升高时，迅速读取此时的发动机转速，此时的发动机转速即为失速转速，然后立即松开加速踏板。由于在试验时发动机功率全部在液力变矩器内部损耗掉了，因此会产生大量的热量，所以失速时间不能过长，一般都在 5s 之内，即读完数据后立即放松加速踏板。

6）将变速杆推至 P 挡位或 N 挡位，让发动机至少怠速运转 1min 以上，以防止因油温过高而使油液变质。

7）将变速杆移动到 R 挡位做同样的试验。

失速试验操作示意图

第八章　检查与试验

99

什么是油压试验？

　　自动变速器在做完失速试验后，如果发现失速转速与要求偏差较大，或者通过检测故障码的方法判断出故障出现在液压系统或机械系统时，应该进行油压试验，以进一步发现故障的根源。

　　油压试验的内容取决于自动变速器的类型及测压孔的设置方式。

　　其具体方法如下：

　　1）检查加速踏板拉索的调整情况，必要时重新调整。

制动器 B1
测压孔

离合器 K3 测压孔

迈腾09G变速器测压孔

　　2）用举升机将汽车升起，拆下自动变速器壳体上主油路测压孔或前进挡油路测压孔螺塞，接上油压表。

　　3）将举升机降下，将汽车停放在水平的路面上，前、后车轮用三角木块塞紧，同时拉紧驻车制动杆。

　　4）起动发动机，将变速杆置于前进 D 挡位或 R 挡位。

离合器 K1
测压孔

离合器 K2
测压孔

蓄压器压
力测压孔

变矩器压
力测压孔

制动器 B2 测压孔

迈腾09G变速器测压孔

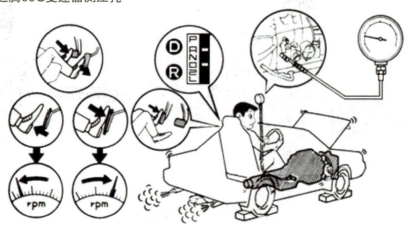

油压试验操作示意图

5）读出发动机怠速运转时的油压。该油压即为怠速工况下的前进挡主油路油压或倒挡主油路油压。

6）用左脚踩紧制动踏板，同时用右脚将加速踏板完全踩下，在失速工况下读取油压。该油压即为失速工况下的前进挡主油路油压或倒挡主油路油压。

7）将变速杆置于空挡位或驻车挡位，使发动机怠速运转 1 min 以上。

100

时滞试验有什么作用？

在发动机怠速运转时将变速杆从空挡位拨至前进挡或倒挡位后，需要有一段短暂时间的迟滞或延时才能使自动变速器完成换挡工作（此时汽车会产生一个轻微的振动），这一短暂时间称为自动变速器换挡时滞时间。测出时滞时间的长短，用来判断主油路油压及换挡执行元件的工作是否正常。

其具体方法如下：

1）让汽车行驶，使发动机和自动变速器达到正常工作温度。

2）将汽车停放在水平地面上，拉紧驻车制动杆。

3）检查发动机怠速，如不正常，应按标准予以调整。

4）将自动变速器变速杆从 N 挡位拨至 D 挡位，用秒表测量从拨动变速杆开始到感觉汽车振动为止所需的时间，该时间称为 N→D 时滞时间。

5）将变速杆推至 N 挡位，使发动机怠速运转 1min 后，再做一次同样的试验。

6）上述试验共做 3 次，取其平均值作为 N→D 时滞时间。

7）按上述方法，将变速杆由 N 挡位拨至 R 挡位，测量 N→R 时滞时间。

8）大部分自动变速器 N→D 时滞时间小于 1.0 ~ 1.2s，N→R 时滞时间小于 1.2 ~ 1.5s。

第八章 检查与试验

换挡振动

换挡振动

时滞试验操作示意图

101

如何进行手动换挡试验？

电控自动变速器的手动换挡试验是区分电控系统故障与机械液压系统故障的分界点，它包括手动操纵试验和手动电磁阀试验。

（1）手动操纵试验

电控自动变速器可以采用手动操纵试验的方法来确定故障在电子控制系统还是自动变速器其他部分。所谓手动操纵试验就是将电控自动变速器所有换挡电磁阀的线束插头全部脱开，此时电脑不能通过换挡电磁阀来控制换挡，失去控制自动换挡的作用，只能通过变速杆进行手动换挡。手动换挡试验的步骤如下：

1）脱开电控自动变速器所有换挡电磁阀的线束插头。

2）起动发动机，将变速杆拨至不同位置，进行路面行驶。

3）观察发动机转速和车速关系，以判断自动变速器所处的挡位。不同挡位时发动机转速与车速对应关系见表1。由于变矩器的减速作用与传递的转矩有关，因此表1中的车速只能作为参考，实际车速将随着行驶中节气门开度的不同而产生一定的变化。挡位和变速杆对应关系见表2。

表1　不同挡位时发动机转速与车速的关系

变速器所处的挡	发动机转速/（r/min）	车速/（km/h）
1挡	2000	18～22
2挡	2000	34～38
3挡	2000	50～55
超速挡	2000	70～75

表2　挡位和变速杆的关系

变速杆位置	变速器所处的挡	变速杆位置	变速器所处的挡
P	驻车挡	D	超速挡
R	倒挡	2	3挡
N	空挡	L	1挡

5）试验结束后插上换挡电磁阀线束插头。

6）清除电脑中存储的故障码，防止因脱开电磁阀线束插头而产生的故障码保存在电脑中，影响自动变速器的故障自诊断工作。

（2）手动电磁阀试验

将变速杆分别位于P、R、N、D、2、L，按照电脑程序控制的各换挡电磁阀状态，人工对应控制各换挡电磁阀通电或断电，实现各速比油路转换，进行行驶试车，若结果异常，则故障在自动变速器内部的液压机械系统，若正常，则故障在电控系统。

第九章
典型自动变速器

自动变速器家族可谓"人丁兴旺"，CVT、DCT、DSG、AMT、KGR，看着就有点晕，但它们的变速原理，其实都差不多。

102

何为 CVT 无级变速器?

自动变速器按传动比不同可分为有级变速器和无级变速器两种。所谓有级变速器是指具有几个固定传动比的变速器；而无级变速器是指传动比在一定范围内连续变化的变速器，无级变速器又分为钢链式无级变速器和钢带式无级变速器。

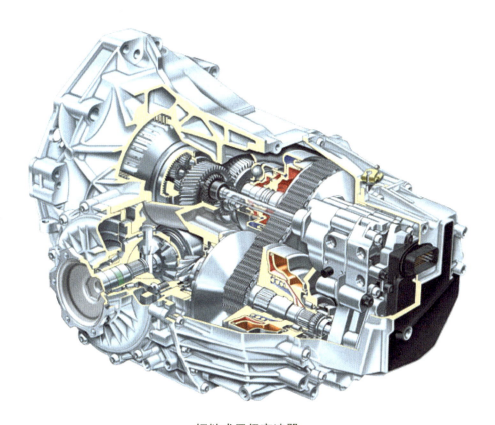

钢链式无级变速器

钢带式无级变速器

主动锥面链轮组

无级变速机构构造图

103

无级变速器如何实现无级变速？

　　无级变速器的关键部件是无级变速机构，它主要由两组滑动锥面链轮和作用在其中间的 V 形传动钢链（或钢带）组成。其中每一组滑动锥面链轮中又有一个可沿轴向移动的链轮，就是由于链轮的可轴向移动，从而改变接触链轮与传动钢带之间的跨度半径，最终实现速比线性变化。

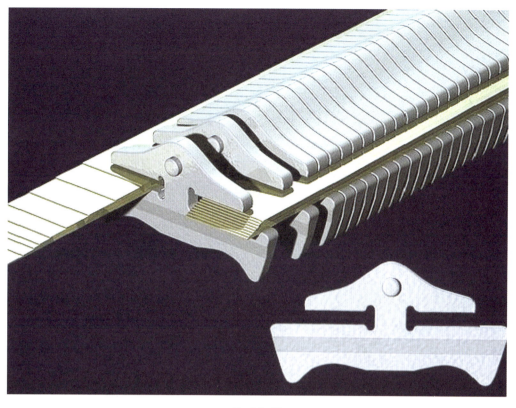

传动钢带

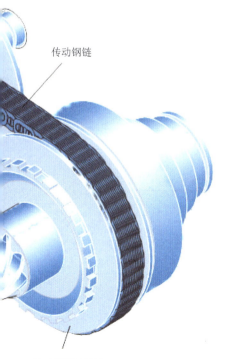

传动钢链

从动锥面链轮组

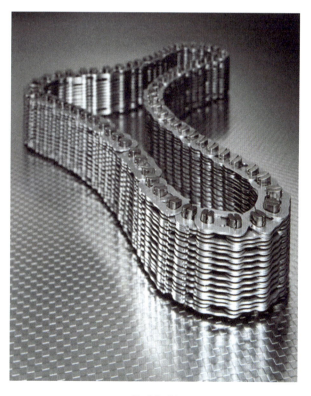

传动钢链

104

双质量飞轮有什么优势？

在往复活塞式内燃机中，不均匀的燃烧会引起曲轴扭振，扭振被传递到变速器中会引起共振，同时会产生噪声并容易使变速器部件过载。飞轮减振装置和双质量飞轮可减缓因发动机与变速器之间动力传递而产生的扭振，并保证发动机低噪声运转。

奥迪 A6 轿车所搭载的 V6 2.8L 发动机的转矩就是通过飞轮减振装置传递到变速器的。

奥迪 A4 轿车所搭载的直列四缸 1.8L 发动机不及六缸发动机运转平稳，因此，四缸发动机使用双质量飞轮。

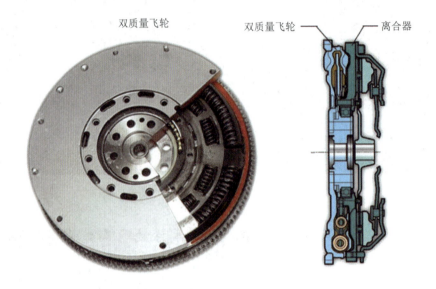

双质量飞轮和离合器的连接

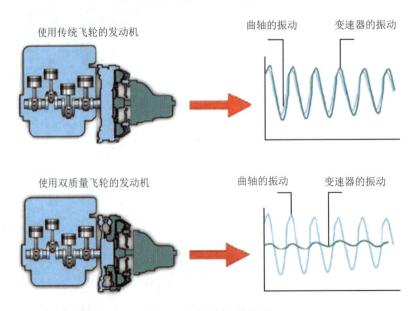

双质量飞轮减振效果图

105

为什么采用不同长度的链节？

01J 变速器传动钢链的相邻链节通过转动压块连接成一排，转动压块在变速器锥面链轮间"跳动"，即锥面链轮互相挤压。转矩只靠转动压块正面和锥面链轮接触面的摩擦力来传递。每个转动压块永久连接到一排连接轨上，通过这种方式，转动压块不可扭曲，两个转动压块组成一个转动节。转动压块相互滚动，当其在锥面链轮跨度半径范围内"驱动"传动钢链时，几乎没有摩擦。在这种情况下，尽管转矩高和弯曲角度大，动力损失和磨损却降到最小，使其寿命延长并且提高了效率。

01J 变速器使用了两种不同长度的链节，其目的是确保传动钢链运转时尽可能无噪声。当使用等长的链节时，转动压块按统一间距冲击锥面链轮，这将导致振动并产生令人厌烦的噪声。使用不同长度的链节可防止共振，并减小运动噪声。

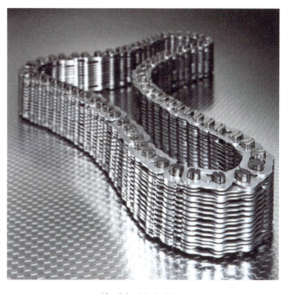

传动钢链实物图

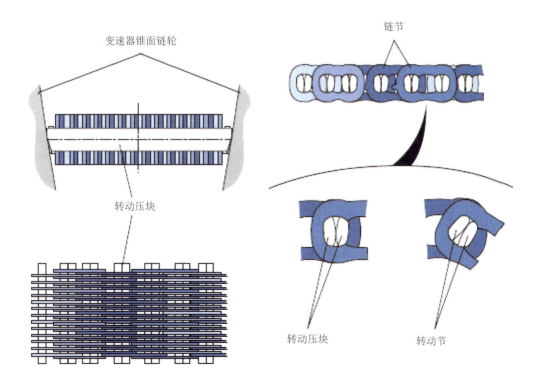

转动压块工作示意图

第九章 典型自动变速器

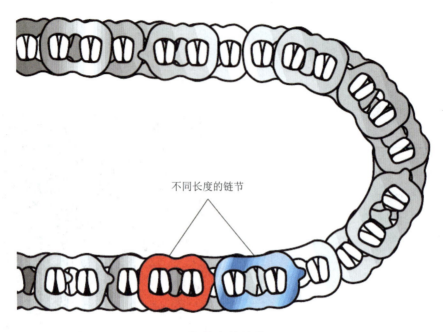

不同长度的链节

不同长度的链节

106

可移动链轮为什么位于两侧？

无级变速机构采用的是两组滑动锥面链轮，其中每组滑动锥面链轮中又有一个可沿轴向移动的链轮并位于两侧。如果两个可移动的链轮位于一侧，当速比改变时，一个移动链轮向外移动，另一个链轮则向内移动。两个可移动链轮的移动方向相反，从而引起传动钢链在两个锥面链轮组之间扭曲，加速锥面链轮和传动钢链的磨损。为了克服该缺点，设计师们巧妙地将两个可移动的链轮布置在两个锥面链轮组的两侧。这样，当速比改变时，两个可移动链轮的移动方向相同，使传动钢链在锥面链轮压紧力的作用下实现速比的改变。

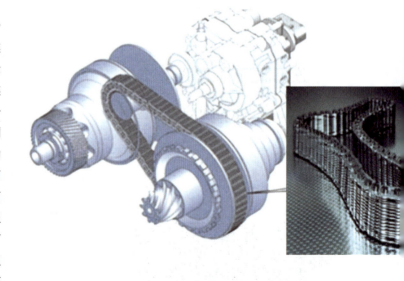

无级变速机构
奥迪的Multitronic无级变速技术使用钢链传递动力，钢链承受的是拉力而不是扭力

可移动链轮

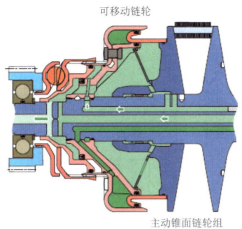

主动锥面链轮组

可移动链轮

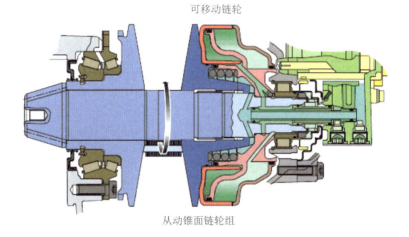

从动锥面链轮组

锥面链轮组

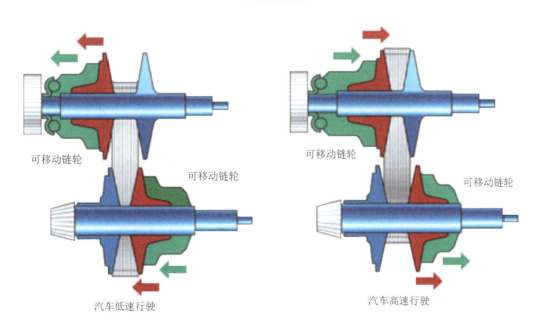

可移动链轮　　　　可移动链轮　　　　可移动链轮　　　　可移动链轮

汽车低速行驶　　　　　　　汽车高速行驶

锥面链轮组工作示意图

第九章　典型自动变速器

107

Multitronic 变速器 D 挡位动力如何传递？

当变速杆置于 D 挡位时，控制系统将控制前进挡离合器接合，倒挡制动器分离。

前进挡离合器接合后，将太阳轮和行星架连接在一起，整个行星齿轮机构将形成一个整体，形成直接传动，行星架的转速和转向与变速器输入轴的转速和转向相同。总体的动力传递路线归纳为：发动机→飞轮减振装置→变速器输入轴→太阳轮顺时针转动→前进挡离合器→行星架顺时针转动→中间辅助减速机构的主动齿轮→中间辅助减速机构的从动齿轮→主动链轮组→传动钢链→从动链轮组→从动链轮轴→主减速器→差速器→两半轴→车轮。

在 D 挡位行驶时，控制系统会根据汽车的行驶状况，自动调整传动钢链的跨度尺寸。

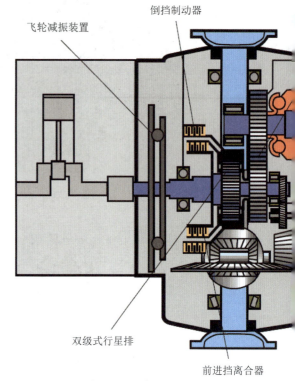

飞轮减振装置　　倒挡制动器

双级式行星排

前进挡离合器

Multitronic变速器构造图

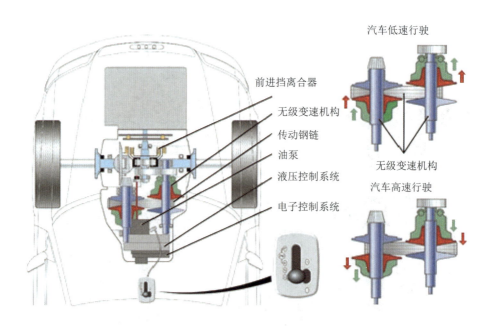

汽车低速行驶

前进挡离合器
无级变速机构
传动钢链
油泵
液压控制系统
电子控制系统

无级变速机构

汽车高速行驶

Multitronic变速器原车装配位置图

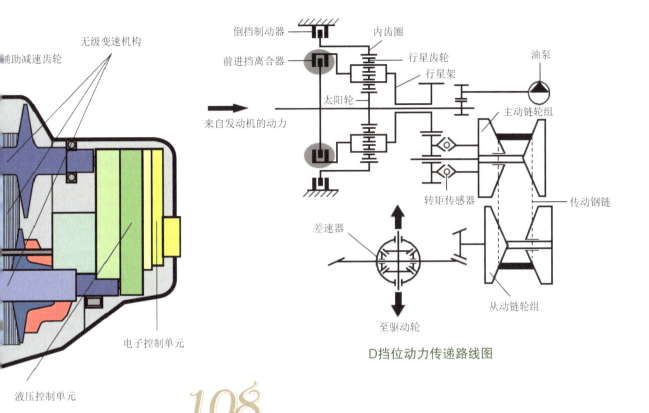

D挡位动力传递路线图

无级变速机构
辅助减速齿轮
电子控制单元
液压控制单元

倒挡制动器
前进挡离合器
太阳轮
来自发动机的动力
内齿圈
行星齿轮
行星架
油泵
主动链轮组
转矩传感器
传动钢链
差速器
从动链轮组
至驱动轮

108

什么是双离合器变速器？

双离合器变速器（Dual Clutch Transmission）简称DCT。目前，常见的双离合器变速器有大众的DSG、奥迪的S-Tronic、福特和沃尔沃的PowerShift、三菱的Twin Clutch SST、保时捷的PDK、宝马的M-DKG。

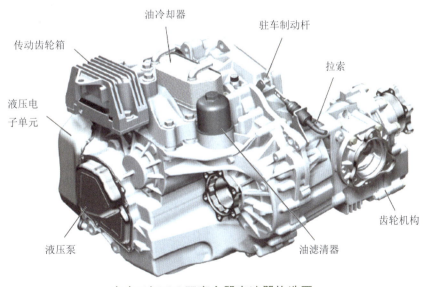

油冷却器
驻车制动杆
传动齿轮箱
拉索
液压电子单元
齿轮机构
液压泵
油滤清器

大众6速DSG双离合器变速器构造图

双离合器变速器起源于赛车运动，它最早的实际应用是在 20 世纪 80 年代生产的保时捷 Prosche926C 和 1985 年的 Audi sport Quattro S1 RC 赛车上，但是因为耐久性等问题，经过了十多年的改进，才真正被普通量产车所应用。时至今日，DCT 这项技术已经有 20 多年的历史，在技术方面已经非常成熟了。

双离合器变速器结合了手动变速器和自动变速器的优点，没有使用液力变矩器，而是采用了两套离合器。通过两套离合器的相互交替工作，来达到无间隙换挡的效果。

因为没有了液力变矩器，所以发动机的动力可以完全发挥出来，同时两组离合器相互交替工作，使得换挡时间极短，发动机的动力断层也就非常有限。作为驾驶人，我们最直接的感觉就是，切换挡动作极其迅速而且平顺，动力传输过程几乎没有间断，汽车动力性可以得到完全的发挥。与采用液力变矩器的液力式自动变速器比较起来，由于 DCT 的换挡更直接，动力损伤更小，所以其燃油消耗可以降低 10% 以上。

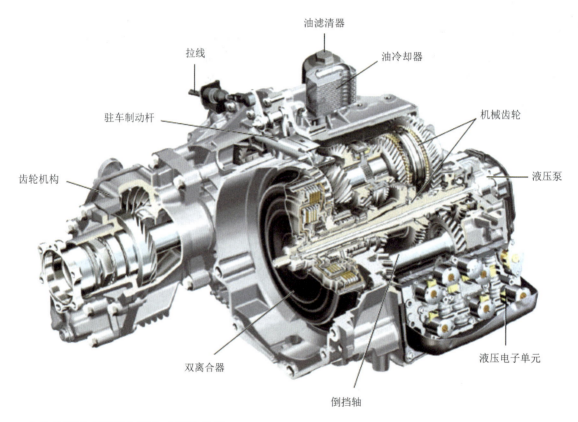

大众6速DSG双离合器变速器构造图

你知道吗
Do you know?

传统的大众 DSG 上除了输入轴之外，有两个输出轴，一个负责奇数挡，一个负责偶数挡，但是奥迪新的 7 速 S-Tronic 双离合器变速器设计成了单输出轴。

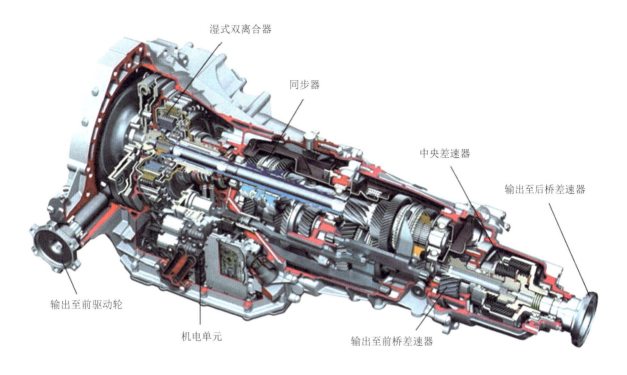

湿式双离合器
同步器
中央差速器
输出至后桥差速器
输出至前驱动轮
机电单元
输出至前桥差速器

奥迪新7速S-Tronic双离合器变速器构造图

装备此款纵置7速S-Tronic双离合器变速器的车型为奥迪Q5、奥迪A5

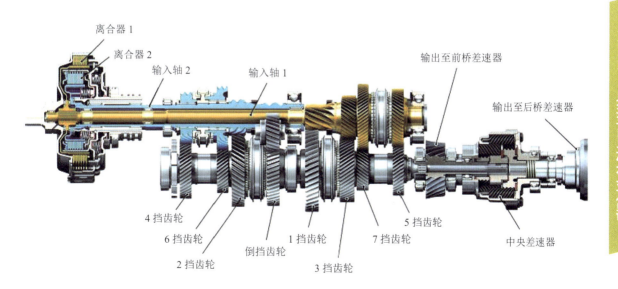

离合器1
离合器2
输入轴2
输入轴1
输出至前桥差速器
输出至后桥差速器
4挡齿轮
6挡齿轮
2挡齿轮
倒挡齿轮
1挡齿轮
3挡齿轮
7挡齿轮
5挡齿轮
中央差速器

奥迪新7速S-Tronic双离合器变速器工作原理图

此图为三菱公司自己研发的双离合器变速器 TC–SST（Twin Clutch Sportronic Shift Transmission）。TC-SST 使用了湿式双离合器，具有6 个前进挡，最大可承受 450N·m 的转矩，虽然布局为横向布置，却可以支持四轮驱动。它能给驾驶人提供三种模式，分别为正常、运动及超级运动，以满足各种路面的需求。

此图为宝马公司与奥地利变速器专业生产厂商格特拉克（GETRAG）集团合作推出的湿式双离合器变速器，被称为 M–DKG 双离合器变速器。M–DKG 与最高转速达 9000r/min 的 V8 发动机配合使用。该款变速器提供了 11 个独特的换挡程序。其中，手动挡程序6个，可用变速杆或方向盘换挡键操作，自动挡程序5个。

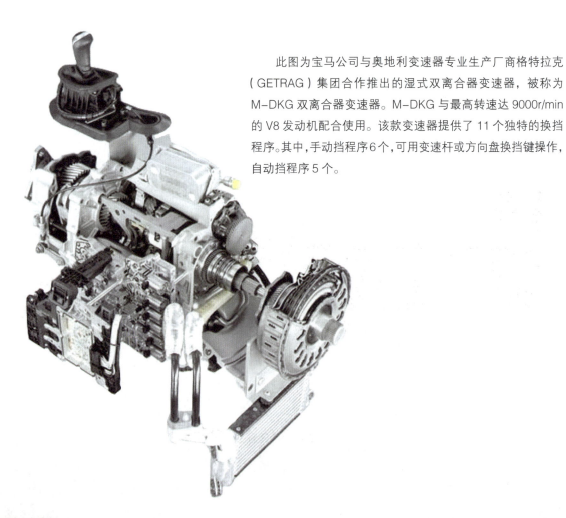

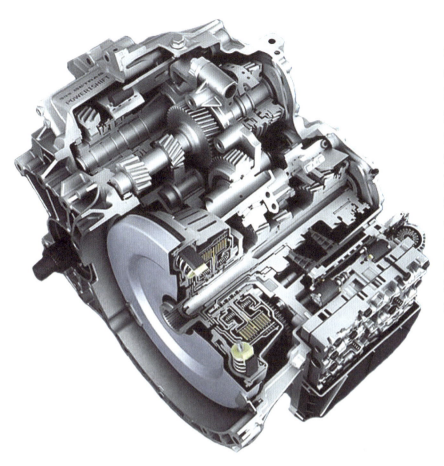

此图为福特公司与奥地利变速器专业生产厂商格特拉克（GETRAG）集团共同研发的双离合器变速器 Powershift，有 6 个前进挡，带有手动换挡模式，拥有两个前后并列、直径相同且相互独立的湿式离合器，最大可以承受 450N·m 的转矩。目前，在国内配备有 Powershift 的车型有沃尔沃 C30、XC60、S60 以及福特蒙迪欧致胜的部分车型。

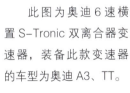

此图为奥迪 6 速横置 S-Tronic 双离合器变速器，装备此款变速器的车型为奥迪 A3、TT。

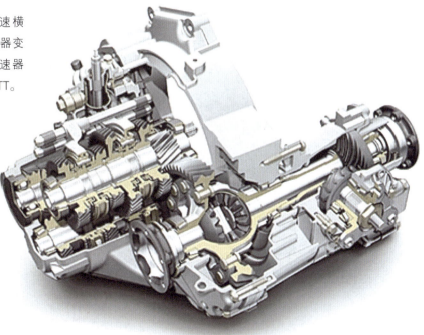

第九章　典型自动变速器

109

双离合器变速器有什么技术优势?

　　双离合器变速器省略了手动变速器的离合器踏板,改由电子控制液压系统对两个离合器进行控制。双离合器的输入轴也被分为两部分,两个离合器各自与一根输入轴相连,中空的外轴用于连接变速器的偶数挡,外轴套嵌的实心内轴则用于连接奇数挡,两个离合器在工作时相互配合,各自负责一根输入轴的动力传递。

　　正是这样的离合器配合换挡的结构,在换挡切换时齿轮早已衔接。DSG双离合变速器实现了平顺换挡、快速换挡、动力"无间断"地输出、节约燃油的设计目的。据大众官方数据,目前普及型的双离合器变速器换挡时间只有0.2秒左右,即使是全球最好的赛车手换挡速度也不可能与双离合器变速器相比,双离合器变速器的换挡时间也远超出人类操作的极限。

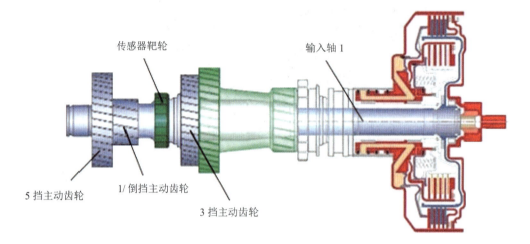

输入轴1构造图

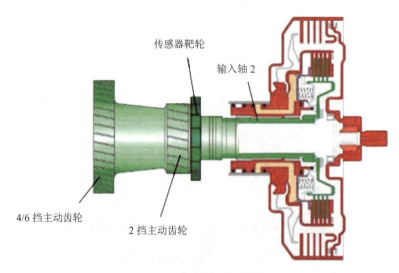

输入轴2构造图

110

双离合器变速器如何分类？

目前，在市场上使用广泛的是大众汽车的 DSG 系列双离合器变速器。其主要有 DSG-6 速双离合器变速器和 DSG-7 速双离合器变速器。

DSG-6 速双离合器变速器采用"湿式"双离合器，"湿式"是指双离合器安装于一个充满液压油的封闭油腔里。DSG-6 速湿式双离合器变速器的内部代号为 DQ250，这种湿式结构具有更好的调节能力和优异的热容性。因此，能够承受的最大转矩为 350 N·m。DSG-7 速双离合器变速器采用"干式"双离合器，双离合器由 2 个尺寸相近的离合器片同轴相叠安装组成，因为它的双离合器不是像 DSG-6 速湿式双离合器变速器那样安装于一个封闭油腔里，所以被称为"干式"双离合器。DSG-7 速干式双离合器变速器的内部代号为 DQ200。"干式"双离合器结构简单，因而效率更高，但是"干式"离合器自身结构的固有特性使它能够承受的最大转矩比"湿式"离合器要低，仅能承受的最大转矩为 250N·m。

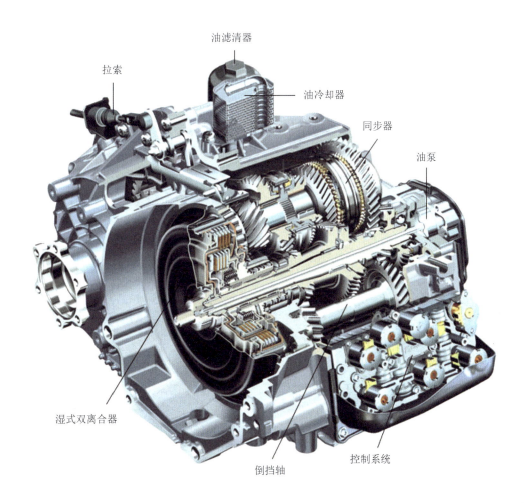

DSG-6速湿式双离合器变速器构造图

第九章　典型自动变速器

DQ250 一般被搭载于主打性能及操控性的中高挡车型上，如早期进口的五代高尔夫、迈腾以及奥迪车上，而 DQ200 主要搭载于更注重舒适感的中低挡的车型上，如速腾、明锐、朗逸以及宝来上。

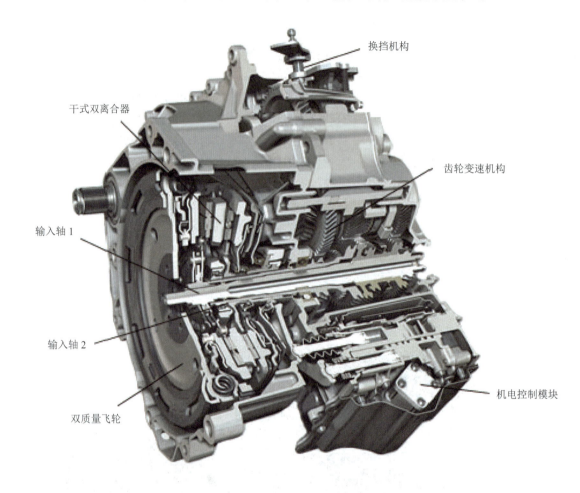

换挡机构

干式双离合器

齿轮变速机构

输入轴 1

输入轴 2

机电控制模块

双质量飞轮

DSG-7速干式双离合器变速器构造图

DSG变速杆

111

湿式双离合器的构造如何?

多片湿式双离合器和液力式自动变速器中的离合器相似,但是尺寸要大很多。利用液压缸内的油压和活塞压紧离合器,油压的建立是由变速器电脑指令电磁阀来控制的。

多片湿式双离合器内部主要由两个离合器组成:离合器 K1 和离合器 K2。两个离合器的工作状态是相反的,不会发生两个离合器同时接合的情形。纵观 DSG 变速器的工作原理,多片湿式双离合器的作用等同于普通手动变速器中干式离合器的作用。对于液力式自动变速器来讲,其作用相当于液力变矩器的作用,多片湿式双离合器即为一个自动离合器。

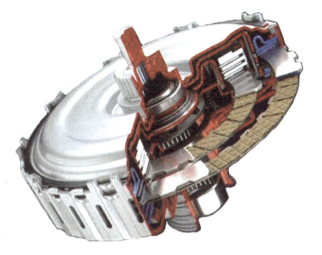

湿式双离合器

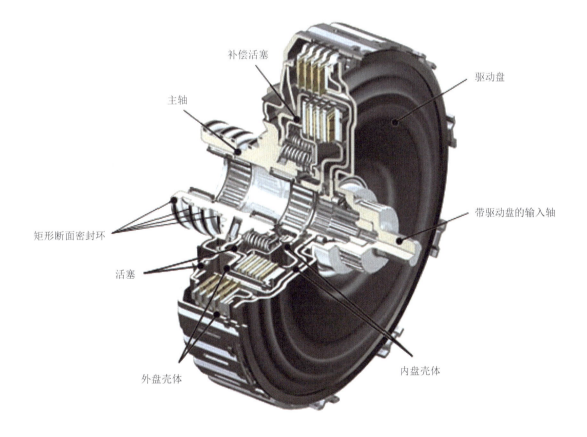

补偿活塞

驱动盘

主轴

带驱动盘的输入轴

矩形断面密封环

活塞

外盘壳体

内盘壳体

湿式双离合器整体构造图

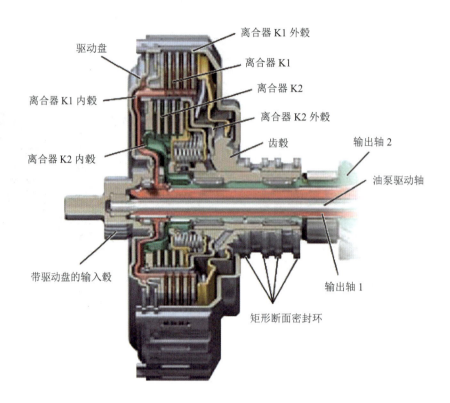

湿式双离合器整体构造图

离合器 K1 外毂
驱动盘
离合器 K1
离合器 K1 内毂
离合器 K2
离合器 K2 外毂
离合器 K2 内毂
齿毂
输出轴 2
油泵驱动轴
带驱动盘的输入毂
矩形断面密封环
输出轴 1

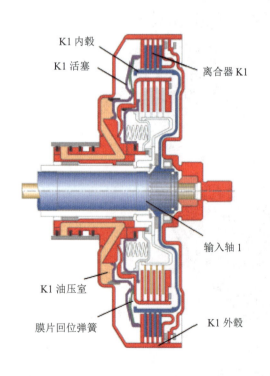

K1 内毂
K1 活塞
离合器 K1
输入轴 1
K1 油压室
膜片回位弹簧
K1 外毂

离合器K1构造图

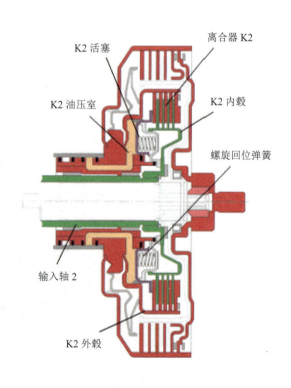

K2 活塞
离合器 K2
K2 油压室
K2 内毂
螺旋回位弹簧
输入轴 2
K2 外毂

离合器K2构造图

112

三件式同步器有什么优越性?

DSG 变速器内的同步器有两种形式，一种形式为三件式同步器，另一种形式为单件式同步器。

所谓三件指的是内同步环、中间环和外同步环，而单件是指同步器只有一个同步环。三件式同步器与单件式同步器相比，所提供的摩擦面要大很多，由于传热面积大，因此可以大大提高同步效率。

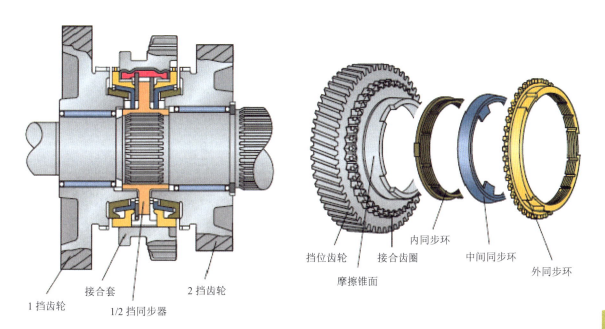

1 挡齿轮　接合套　1/2 挡同步器　2 挡齿轮

挡位齿轮　接合齿圈　内同步环　中间同步环　外同步环

摩擦锥面

三件式同步器整体构造图

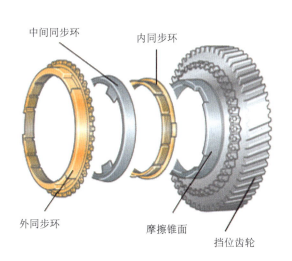

中间同步环　内同步环

外同步环　摩擦锥面　挡位齿轮

三件式同步器构造图

挡位齿轮

同步环　摩擦锥面

单件式同步器构造图

第九章　典型自动变速器

113

换挡执行机构有什么作用？

DSG 变速器的挡位转换是由换挡执行机构来操作的。

换挡执行机构实际上是个液压马达，推动拨叉就可以进入相应的挡位，由液压控制系统来控制它们的工作。在液压控制系统中有 6 个油压调节电磁阀，用来调节 2 个离合器和 4 个挡位选择器中的油压压力，还有 5 个开关电磁阀，分别控制挡位选择器和离合器的工作。

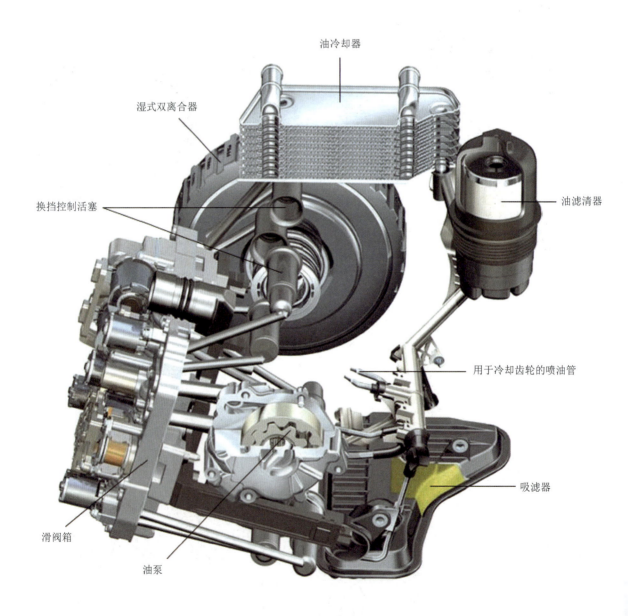

油冷却器
湿式双离合器
换挡控制活塞
油滤清器
用于冷却齿轮的喷油管
吸滤器
滑阀箱
油泵

换挡执行机构构造图

114

DSG-6 速湿式双离合器变速器如何工作？

　　双离合器是一种既能传递动力，又能切断动力的传动机构。它的作用主要是保证汽车能平稳起步，变速换挡时减轻变速机构的冲击载荷并防止传动系过载。在手动变速器汽车上，汽车换挡时通过离合器的分离与接合实现，在分离与接合之间就有动力传递暂时中断的现象。在双离合器变速器中，由于两组离合器相互交替工作，使得换挡时间极短。只需不到 0.2 秒的时间，下一挡已经进去了，比最好技术的专业车手的手动换挡还快，动力传输过程几乎没有间断，车辆动力性能可以得到完全的发挥。

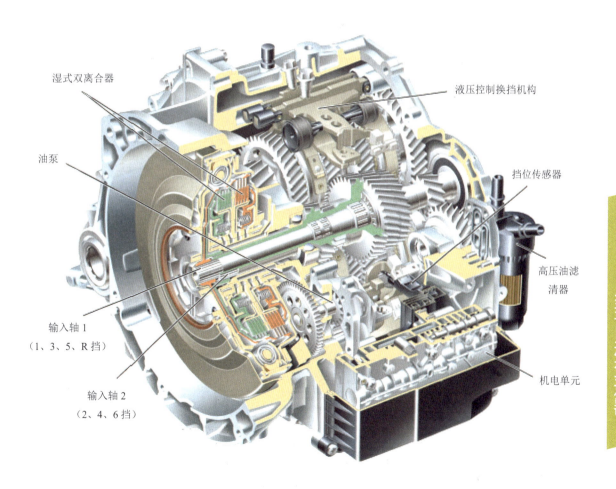

DSG-6速湿式双离合器变速器构造图

第九章　典型自动变速器

以下图所示的6速双离合器变速器为例说明其工作原理。离合器1和离合器2分别与实心输入轴和空心输入轴相连接。离合器1负责1挡、3挡、5挡和倒挡；离合器2负责2挡、4挡、6挡。从图可知，所有挡位的齿轮都是啮合的。当1挡工作时,离合器1接合,输入轴1工作;这时离合器2也预先挂入2挡，但保持离合器2处于分离状态，输入轴2不工作。当车速上来准备换挡，离合器1分离的同时离合器2也同时接合，2挡开始工作，与此同时，由离合器1控制的3挡齿轮组也完成啮合并等待换挡指令，即在双离合变速器的工作过程中总是有2个挡是啮合的，一个正在工作，另一个则为下一步做好准备。

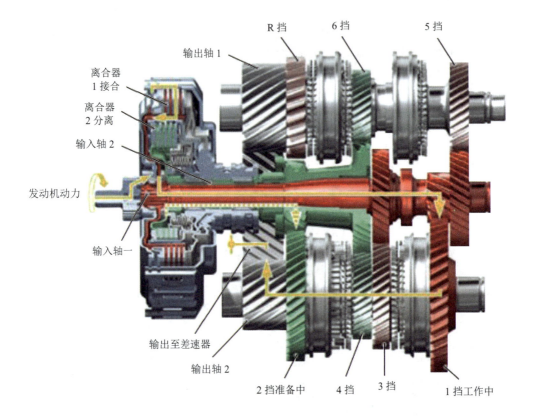

DSG-6速湿式双离合器变速器动力传递路线图

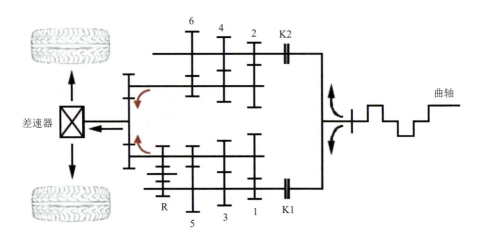

DSG-6速湿式双离合器变速器工作原理示意图

115

DSG-7速干式双离合器变速器的构造如何?

从变速器的实际结构来看,干式双离合器变速器主要的成员数量是三个:两个"卖力"的和一个"算计"的,这三大模块分工不同。其中,负责"卖力"的是干式双离合器模块和齿轮变速机构,它们要做的事情只是传递动力,俗称"给力";负责"算计"的是双离合器变速器"智慧的源泉"——机电控制模块,但实际上它是既出脑力又出体力,可以说是既当导演又当演员。

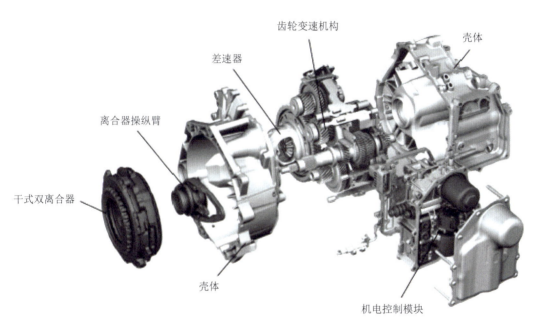

齿轮变速机构
差速器
壳体
离合器操纵臂
干式双离合器
壳体
机电控制模块

DSG-7速干式双离合器变速器构造分解图

116

干式双离合器的构造如何?

双离合器模块简单地说就是"两套离合器+一个壳体",我们把靠近发动机一端的离合器叫作离合器K1,跟在后面的叫离合器K2。离合器K1和离合器K2的主动部分是共用的,即双离合器壳体、壳体中部的驱动盘以及两个压盘,它们都是发动机的"死党",并且相互之间不存在转动,双离合器壳体与双质量飞轮连接,与发动机同步旋转,这些部件称为主动部分。而离合器K1和离合器K2拥有各自独立的从动部分(从动盘、从动盘毂、摩擦片)、压紧机构(膜片弹簧)和操纵机构(操纵臂、套筒)。

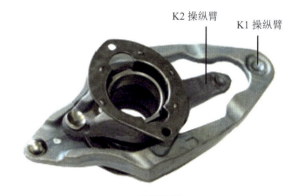

K2操纵臂
K1操纵臂

操纵臂

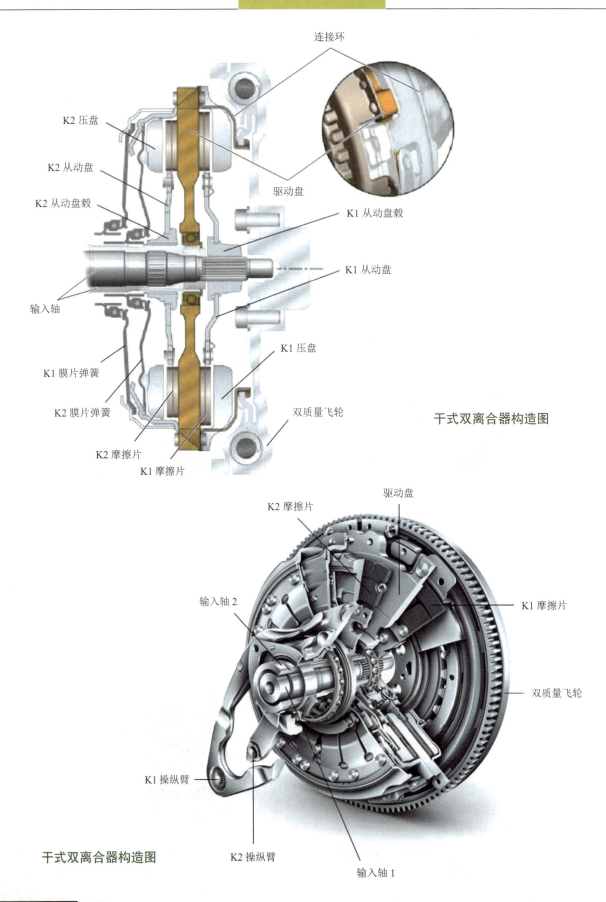

连接环

K2 压盘

K2 从动盘

K2 从动盘毂

驱动盘

K1 从动盘毂

输入轴

K1 从动盘

K1 膜片弹簧

K1 压盘

K2 膜片弹簧

双质量飞轮

K2 摩擦片

K1 摩擦片

干式双离合器构造图

K2 摩擦片

驱动盘

输入轴 2

K1 摩擦片

双质量飞轮

K1 操纵臂

干式双离合器构造图

K2 操纵臂

输入轴 1

117

干式双离合器如何动作?

　　干式双离合器和我们熟悉的手动变速器的离合器原理一致，同样是利用杠杆原理挤压套筒来使膜片弹簧变形，靠挤压和摩擦来实现动力的连续传递。但是，膜片弹簧的工作方式却与手动变速器离合器中膜片弹簧的工作方式完全相反。在手动变速器的单片离合器结构中，膜片弹簧受到挤压时，会释放离合器压盘，中断动力传输；而在干式双离合器中，膜片弹簧在受到挤压时所起的作用是压紧离合器接通动力。

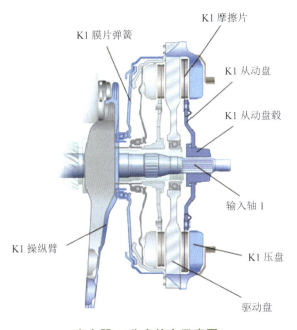

离合器K1分离状态示意图

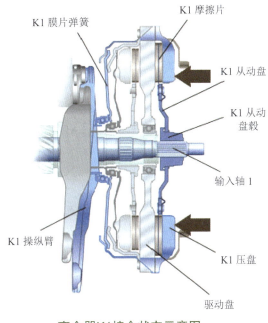

离合器K1接合状态示意图

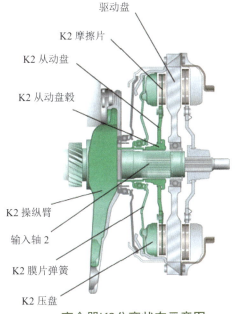

离合器K2分离状态示意图

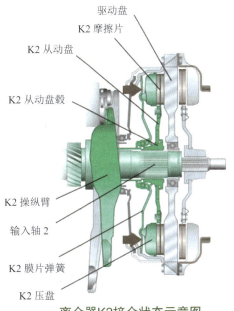

离合器K2接合状态示意图

118

DSG-7 速干式双离合器变速器是如何工作的？

随离合器壳体一同转动的膜片弹簧和压盘扮演了很重要的角色，操纵臂的杠杆作用下压套筒使膜片弹簧受力变形，产生的形变推动（或拉动）压盘压紧摩擦片，这时从动盘与前面提到的主动部分变成了一个整体，随着发动机同步旋转起来，在从离合器获得动力之后，从动盘依靠从动盘毂将动力传递给输入轴，来自发动机的动力就此进入齿轮变速机构。

齿轮变速机构中的两根输入轴分别与离合器 K1 及离合器 K2 相连，采用内外套合的方式。输入轴 1 上的是 1 挡、3 挡、5 挡和 7 挡，在汽车行驶中一旦用到上述的任何一个挡，离合器 K1 是接合的；输入轴 2 上的则是 2 挡、4 挡、6 挡和 R 挡，当使用 2 挡、4 挡、6 挡、R 挡中的任何一个挡时，离合器 K2 接合。这样，当两个离合器交替工作时，动力就能在奇数挡和偶数挡之间接续了。

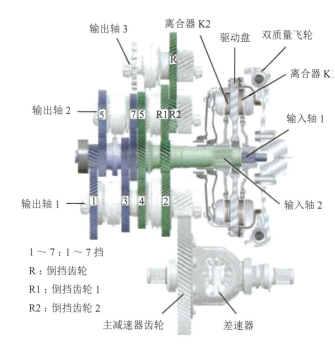

1～7：1～7 挡
R：倒挡齿轮
R1：倒挡齿轮 1
R2：倒挡齿轮 2

DSG-7速干式双离合器变速器构造图

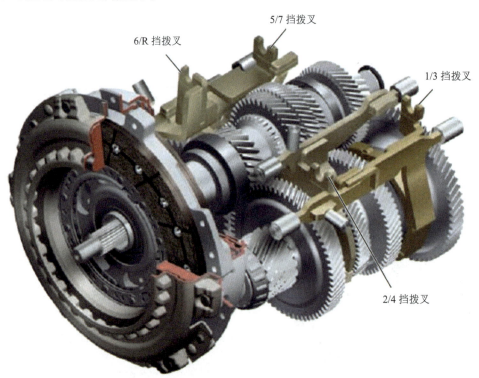

换挡拨叉位置图

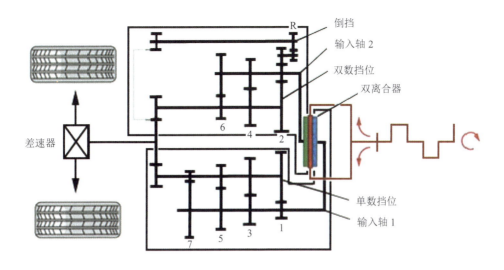

DSG-7速干式双离合器变速器工作原理示意图

119

DSG-7 速湿式双离合器变速器是如何工作的？

　　大众公司自从推出 DSG 双离合器变速器后，其所建立的 DSG 家族大获成功。DSG 家族除了前面所讲述的 DQ200 和 DQ250 两个型号之外，还有一款更强大的 DQ500，其被业内人士称为 DSG–7 速湿式双离合器变速器。它是目前世界上唯一一款 7 速湿式横置双离合器变速器，最大可以承受 600N·m 的转矩。

　　DQ500 变速器的离合器 1 负责 1 挡、3 挡、5 挡和 7 挡；离合器 2 负责 2 挡、4 挡、6 挡和倒挡。其工作原理和前面讲述的 DQ250 相同，即在双离合器变速器的工作过程中总是有 2 个挡是啮合的，一个正在工作，另一个则为下一步做好准备。

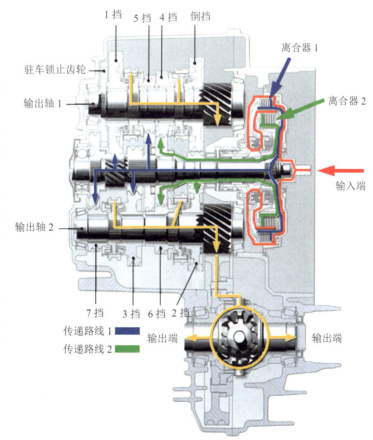

DSG-7速湿式双离合器变速器工作原理图

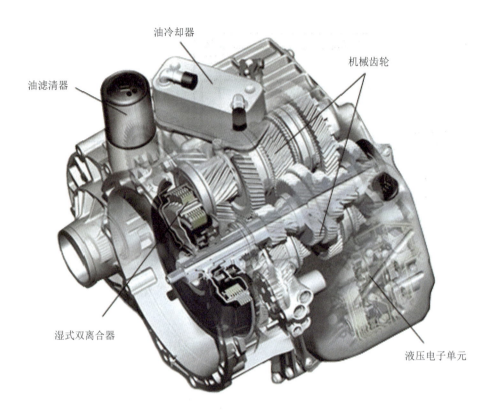

油滤清器

油冷却器

机械齿轮

湿式双离合器

液压电子单元

DSG-7速湿式双离合器变速器构造图

120

什么是自动机械变速器 AMT？

　　Automated Mechanical Transmission，简称 AMT，意为自动机械式变速器。AMT 变速器不仅具有自动变速器（AT）的操作轻便，给使用者带来方便，同时还有与手动变速器（MT）一样的动力传输效率。该变速器是指在原手动变速器和离合器的基础上，通过加装特殊的控制装置取代原手动变速器由人工操作来完成的操作离合器和选挡两个动作，以改变原来的手动操作系统，实现变速器内部换挡过程的自动化。

　　AMT 变速器的挡位设置保留了液力式自动变速器的 N 挡位和 R 挡位，在驾驶时有自动模式（A 或 S）和手动模式（M）可供选择，两种模式在使用时可自由切换。使

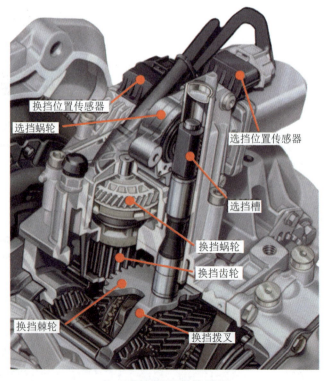

换挡位置传感器

选挡蜗轮

选挡位置传感器

选挡槽

换挡蜗轮

换挡齿轮

换挡棘轮

换挡拨叉

AMT变速器部件位置图

用手动模式起步时，如果不拨动变速杆升挡（以"+"或"－"表示，变速杆只能前后移动进行升挡或降挡），即使加速踏板踩到底变速器也不会自动升挡，这也是与手自动一体式变速器操作上最大的区别。

AMT式变速器主要优势是实现了自动油离配合，提高了变速器人工换挡操作的便捷性，但同时变速器快速的响应时间又让驾驶人仿佛置身于手动挡驾驶环境。这样一来，AMT式变速器在产品搭配上与强调运动素质的高性能跑车和突出灵巧经济的家用小型车不谋而合。其主要搭载在雪佛兰新赛欧、铃木北斗星、长城炫丽、江淮同悦、奇瑞QQ3等车型上。

此图为AMT式变速器的变速杆，它保留了液力式自动变速器的N挡位和R挡位，在驾驶时有自动模式（A或S）和手动模式（M）可供选择，两种模式在使用时可自由切换。使用手动模式时，向"+"方向推动变速杆时升挡，向"－"方向拉动变速杆时降挡。

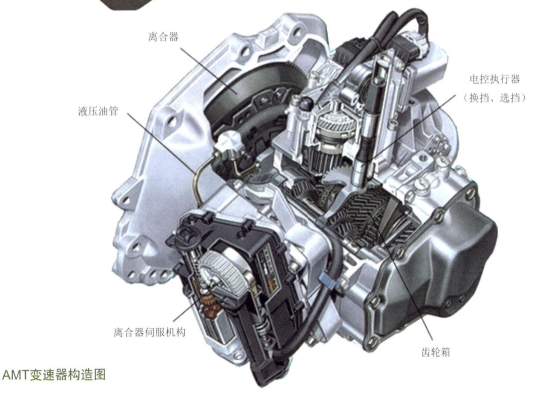

离合器

电控执行器（换挡、选挡）

液压油管

离合器伺服机构

齿轮箱

AMT变速器构造图

第九章　典型自动变速器

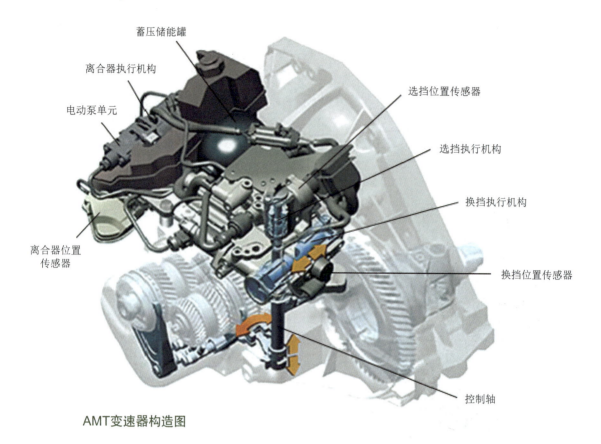

蓄压储能罐

离合器执行机构

电动泵单元

选挡位置传感器

选挡执行机构

换挡执行机构

离合器位置
传感器

换挡位置传感器

控制轴

AMT变速器构造图

奥迪R8 R-tronicAMT式变速器

AS-Tronic 12速AMT式变速器

此图为宝马公司的 SMG Ⅲ –Sequential Manual Gearbox 第三代变速器，直译为顺序式手动变速器，即我们所说的电控机械式自动变速器。该变速器是由宝马公司和两家顶级配件公司 GERTAG 和 SACHS（ZF）合作研发的全新概念变速系统，驾驶人可以在 6 个手动和 5 个自动换挡程序间随意选择适合自己的变速风格。

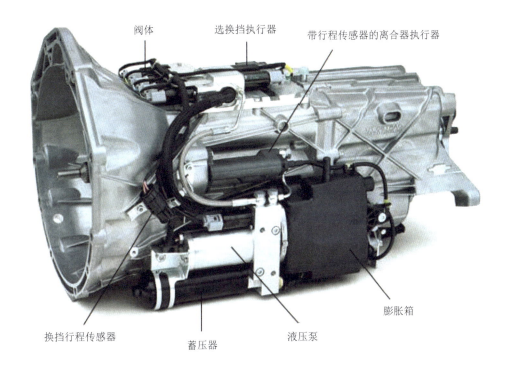

阀体　　选换挡执行器　　带行程传感器的离合器执行器

换挡行程传感器　　蓄压器　　液压泵　　膨胀箱

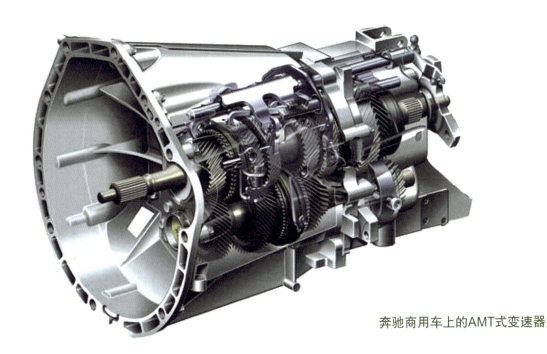

奔驰商用车上的AMT式变速器

第九章　典型自动变速器

121

AMT 变速器如何工作?

AMT 变速器的结构与手动变速器(MT)基本相似,只是为了实现自动换挡,加装了一些相应的控制装置,把原来的手动换挡（操作离合器和选挡）转变成了自动换挡。它的主要核心技术是电脑控制模块,电子技术及质量将直接决定 AMT 变速器的性能与运行质量。

电脑控制模块收集一些换挡的参考信号,如车速、节气门开度、驾驶人选择的驾驶模式等,然后通过运算处理来选择最佳换挡时机,把换挡信号发给执行机构,执行机构接到指令后自动操作换挡拨叉以及离合器,以实现自动换挡。

换挡电动机

换挡拨叉

换挡电动机

AMT变速器选挡执行器

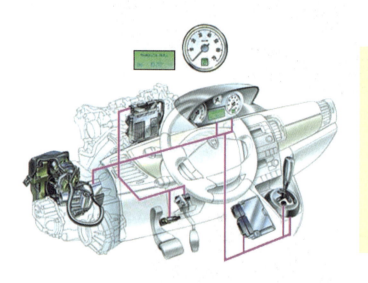

AMT变速器控制原理图

1）AMT 汽车可以自动选择最佳换挡时机,从而消除了发动机、离合器和变速器的错误使用,避免换错挡,这一点对新手和整车的可靠性都非常重要。

2）AMT 汽车还大大简化了驾驶的复杂性,让驾驶更加简便、省心,且能够保证较低的动力损耗。

AMT变速器电子液压执行机构

122

什么是 KRG 式变速器?

　　KRG 锥环式无级变速器是一种无级变速的靠摩擦传动的变速器,从传动原理上讲属于 CVT 的分支,KRG 的设计理念是避免采用任何方式的液压泵,仅用简单和耐用的部件实现纯机械控制。与传统 CVT 无级变速器相比,KRG 的这种设计理念使它的制造成本和效率方面拥有巨大的优势。

　　我们都知道,传统的 CVT 无级变速器的核心变速机构是由可变槽宽的主动链轮装置、从动链轮装置和传动钢链组成的,通过主、从动链轮装置 V 形槽槽宽的改变来改变传动钢链在两个链轮装置上转动的周长,进而实现速比的无限变化。而 KRG 锥环式无级变速器实现无级变速的主要执行机构则是输入滚锥、输出滚锥和它们之间传递动力的锥环。

KRG锥环式无级变速器变速杆

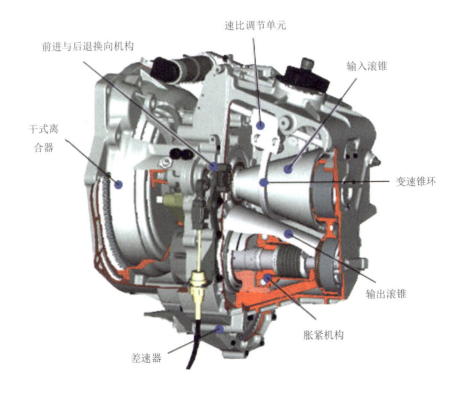

KRG锥环式无级变速器构造图

锥环的平面在两个滚锥上得到的截面圆的周长决定了输入轴和输出轴的速比（当然还有锥环本身的尺寸引起的差异），所以锥环在滚锥上的位置直接决定变速器的速比，由于锥环可以在滚锥上的左右止点之间任意移动，所以能够提供在一定范围内连续可变的速比。

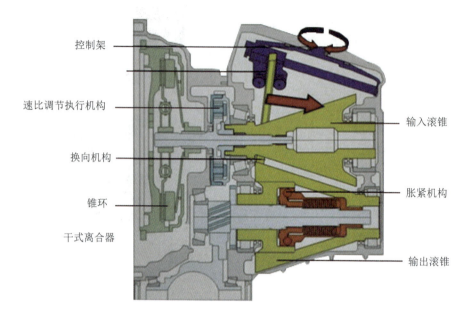

控制架
速比调节执行机构
换向机构
锥环
干式离合器
输入滚锥
胀紧机构
输出滚锥

KRG锥环式无级变速器构造图

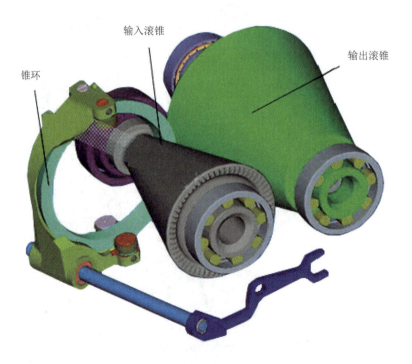

输入滚锥
锥环
输出滚锥

KRG无级变速机构构造图

123

KRG 式变速器如何可靠传递动力？

KRG 锥环无级变速器的动力传输是依靠接触摩擦力来传递动力的。CVT 无级变速器是通过主、从动链轮装置中可轴向移动的链轮来保证传动钢链的夹紧力的，而 KRG 锥环无级变速器是通过胀紧机构为接触部分提供压力，以避免接触摩擦部位打滑而造成的动力损失。

胀紧机构设计在输出滚锥上，它能够减小两个滚锥之间的间隙，增加二者之间锥环的接触压力，保证动力传递效率。

当锥环带动输出滚锥转动时，输出滚锥的被动旋转和来自与轮端相连的输出轴的阻力使胀紧机构发生扭转，这种扭转力使胀紧机构内的滚珠沿着斜槽运动，将胀紧机构推开，迫使输出滚锥向右侧移动，这样一来其与输入滚锥的间隙变小，锥环所承受的压力增加，从而提升了锥环和滚锥之间的摩擦力，保证了动力传递效率。

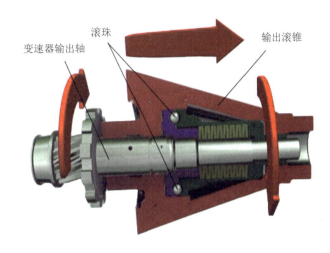

变速器输出轴　滚珠　　　　　　　输出滚锥

胀紧机构构造图

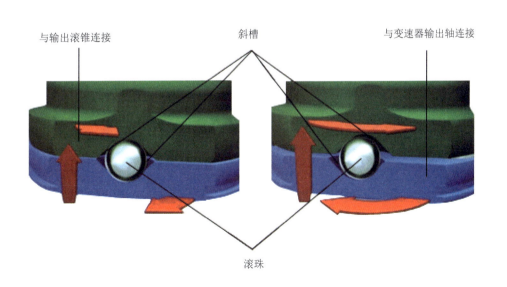

与输出滚锥连接　　　斜槽　　　与变速器输出轴连接

滚珠

滚珠的运动情况

124

KRG 式变速器是如何动作的?

由于滚锥的特殊形状,当传递动力的锥环平面与滚锥中心线呈垂直状态时,锥环能够保持当前位置不变,即变速器能够以恒定的速比输出动力;而当锥环平面与滚锥中心线的角度发生变化时,锥环便会随着滚锥的转动在滚锥上相应地向左或向右移动。这种移动完全是由于滚锥的形状特性所导致的,属于完全自发性的运动,而不需要外力推动锥环在滚锥上左右移动。而且,锥环平面与滚锥中心线的夹角越小,其左右移动的速度也就越快。所以只需要设计一个可以调节锥环角度的机构,辅以对应的电子控制程序,就能够轻松地实现速比的调节,并且还能控制速比变化的速度。

只要让锥环平面与滚锥中心线呈一定角度,锥环便会顺着滚锥的旋转相应地向左或向右移动,从而形成不同的速比。因此,为了调节锥环的角度,设计了一个控制架。

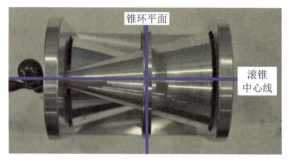

锥环保持位置不变

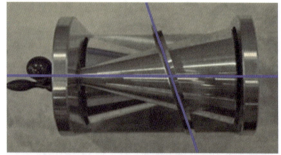

锥环在滚锥上左右移动示意图

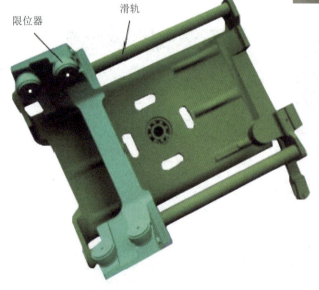

KRG变速器的控制架

控制架逆时针旋转　　控制架顺时针旋转

控制架

滑轨

限位器

输入滚锥

锥环

输出滚锥

KRG变速器速比调节单元控制图

125

KRG 式变速器是如何润滑的？

为了进一步保证摩擦界面的动力传递效率，厂家专门为变速器的锥环变速机构设计了独立的密封腔室，滚锥和变速器的其他轴承、齿轮使用的都是普通变速器油，而在该腔室内则使用的是特殊开发的润滑油。在腔室中，将输出滚锥浸在润滑油中采用飞溅润滑方式进行摩擦部位的润滑，相比普通的 CVT 无级变速器油，这种润滑油增加了50% 的摩擦，以确保动力传递效率。

该部位使用普通润滑油

该部位使用特殊开发的牵引油

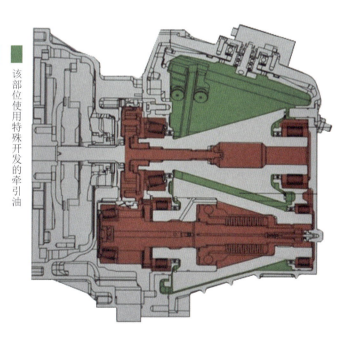

KRG变速器的润滑

第九章　典型自动变速器